群星闪耀时
这个时代的足坛传奇

星驰·欧洲

2016欧洲杯全纪念

刘卿羽 / 著

新世界出版社
NEW WORLD PRESS

图书在版编目（CIP）数据

星驰·欧洲 ：2016欧洲杯全纪念 / 刘卿羽著. --
北京 ：新世界出版社，2016.9
（群星闪耀时 ：这个时代的足坛传奇）
ISBN 978-7-5104-5948-1

Ⅰ. ①星… Ⅱ. ①刘… Ⅲ. ①足球运动－杯赛－欧洲－2016－图集 Ⅳ. ①G843.732-64

中国版本图书馆CIP数据核字(2016)第212279号

星驰·欧洲：2016欧洲杯全纪念

选题策划：李凯声
作　　者：刘卿羽
责任编辑：丁　鼎　周　帆
责任校对：宣　慧
责任印制：李一鸣　高　金
出版发行：新世界出版社
社　　址：北京西城区百万庄大街24号（100037）
发 行 部：（010）6899 5968　（010）6899 8705（传真）
总 编 室：（010）6899 5424　（010）6832 6679（传真）
http://www.nwp.cn
http://www.nwp.com.cn
版 权 部：+8610 6899 6306
版权部电子信箱：nwpcd@sina.com
印　　刷：北京旭丰源印刷技术有限公司
经　　销：新华书店
开　　本：710mm×1000mm　1/16
字　　数：260千字　印张：17
版　　次：2016年9月第1版　2016年9月第1次印刷
书　　号：ISBN 978-7-5104-5948-1
定　　价：49.80元

EFA EURO 201

序 星驰·欧洲

2016年法国欧洲杯已经落下帷幕，本次欧足联的扩军并未冲淡欧洲杯应有的含金量，51场比赛精彩纷呈，亮点十足。

团队足球、注重战术纪律性、意志顽强、体能充沛等要素，一直是欧洲足球的成功标签。但随着攻势足球的兴起，欧洲各国球队不但保留了原有彪悍足球的元素，又加入了精湛的足球技巧和灵性，使其观赏性大大提高。

纵观本届欧洲杯，给人留下最深刻的印象主要表现在两大方面：

第一，团队足球，体现在战术纪律性。在本届欧洲杯上，无论是欧洲足坛传统的老牌劲旅，还是第一次亮相欧洲杯的新军，在每一场比赛的比拼中，对阵双方的阵型保持、战术打法、运动员对于教练意图的贯彻性等方面都非常训练有素。在这样的情况下，团队在恰当时机的集体向前意识，在比赛中被刻画得惟妙惟肖。专业统计显示：本届欧洲杯是历届欧洲杯比赛中奉献最后时刻进球最多的一届大赛。这样的结果不但显示了欧足联成员协会积极进取的开拓精神，提高了整体的竞争力，而且让球迷们和观众大呼过瘾。

第二，赛场内纪律性。比赛节奏快、强调身体对抗是欧洲足球获得成功的两大要素。在本届欧洲杯比赛中，高强度的身体对抗几乎贯穿每一场比赛，运动员因为拼抢激烈出现受伤、流血的场面时有发生。但是让人赞叹的是，本届欧洲杯，各支球队的运动员们呈现出了极高的职业素养，将为国争光、勇于进取全部用在了技战术、意志品质的比拼上。虽然时而出现红黄牌，但几乎没有发生球员之间、球员与裁判员之间、教练之间的严重的球场冲突事件。一些屡禁不止的、违背体育道德的恶意犯规动作也基本没有在本次大赛中的任何运动员身上发生。本届欧洲杯各支球队的职业素养与比赛纪律性已经达到了一个空前的高度。

此外，对于广大年轻朋友，特别是孩子们来说，本届欧洲杯也是一次非常难得的优质大赛体验。在本届欧洲杯上，无论是成名已久的巨星还是冉冉升起的新星，拥有的是阳光的性格、健全的人格、精诚团结的合作精神、坚强的意志……这些绿茵偶像们也为年轻的朋友和孩子们提供了很多足球场上的正能量与励志的足球精神，有助于在校园里快乐踢球的孩子们健康全面发展，形成正确的人生观、价值观、世界观。

希望这本《星驰·欧洲——2016 欧洲杯全纪念》不但是对于欧洲杯的一次梳理回顾，借此机会也可以为广大读者提供一些足球方面的指导和帮助。

足球，与你，与我。

孙葆洁

2016.7.18

序

始于为国出战，终于为信仰而生

四年一度的欧洲杯落下了帷幕，最终葡萄牙队顺利捧杯，成为了新的欧洲王者。不过对于残酷的群雄逐鹿，也许我更关注球场上的铁汉柔情。比赛永远有胜负，但是感动人心的却远远不止比分。在这个夏天的法兰西，有豪门大咖的胜利，有默默无闻的小卒的逆袭，有队友变对手的针锋相对，也有老将和后生的传承。绿茵场上的故事，始于为国出战，终于为信仰而生。

对于“意大利男模队”中永远的不老男神布冯，在这届欧洲杯的时候突然让人觉得，男神真的有点儿老了。当第一场比赛结束之后，兴奋的布冯想跑到对手的球门上抓住横梁做一个引体向上，但是万万没想到，这个以双手征服过世界的男人居然失手了，布冯没有抓住横梁，摔了下来。虽然他并没有受伤，一旁的队友也在打趣老大哥这个有点儿童趣的举动，但是悄然间，似乎岁月的痕迹真的已经开始侵扰到了他的身上。当意大利和德国最终要依靠点球大战分出胜负，这似乎也变成了布冯和诺伊尔的较量。十年前，布冯在点球大战中帮助意大利队成为世界之王，但是这一次，他并没有力挽狂澜。不过布冯的表现依旧出色，虽然这可能是他最后一次为蓝衣军团出征大赛。

球迷是赛场上不可忽视的“第十二人”。当然了，有的球迷也许会给主队添乱，比如在场外制造一些事端。但是更多的球迷，却会让我们体会到足球场上的真情和温暖。爱尔兰的球迷是出了名的好，有多好呢？无论球队的表现如何，他们对于球队的支持都是无条件而温和的，哪怕球队输球，他们依然会为心中的英雄们高唱赞歌，甚至会加入对手的欢庆队伍中。他们还在巴黎北区蒙马特帮助一对老夫妻换轮胎；在火车上对着一位修女唱歌；在波尔多的火车上，对着一个法国婴儿唱摇篮曲；并一边唱着歌，一边将路边的垃圾和酒瓶收拾干净。不得不承认，如果评选世界上最好的球迷，我肯定要给他们投一票。而另外一票，我要给刚刚开始认识的冰岛队。认识冰岛队，不仅仅因为他们爆冷击败了英格兰队，不仅仅因为网上流传的他们国家只剩 23 个成年男子可以组成球队的段子，也不是羡慕他们拥有极高比例的注册球员和教练，而是为了他们的球迷，为了他们赛后那有些看不太懂但是又极具震撼力和仪式感的互动。这其中有普通的球迷，也有他们的总统——不在包厢身着正装，而是穿着球衣和其他冰岛球迷坐在一起的总统先生。

当然了，比赛还是不能脱离球星。这届比赛中，两个 7 号也许会被我们久久回忆。当决赛中葡萄牙的 7 号因为受伤无法坚持的时候，他留下了伤感的泪水，因为站在决赛舞台上，他却不能帮助球队了；但是当比赛结束，这个 7 号最终用最灿烂的笑容举起了金杯。而法国队的那个 7 号，却留下了落寞的背影。这一幕恰如 12 年前的那个夏天，也是主场作战，也是一步之遥，也是外界一致看好，但是当时的小小罗输了，今年的格列兹曼也输了。对比之下，今年的格列兹曼的发挥比曾经的小小罗还要出色，他是射手王，是法国的骄傲，但是从小小罗到 C 罗所经历的一切，他也必须这么走过。不经 81 难，又怎么能取得真经呢？不信你去问问 C 罗，他会对 12 年前的自己说些什么。

这届欧洲杯结束了，但足球不会停止转动，对足球的热爱，也不会。

杨茗茗

2016.7

自序

巴黎，流动的盛宴 足球，我们的又一个生命

这个世界上，有许多值得去的地方：春天的巴塞罗那、夏天的因特拉肯、秋天的布拉格、冬天的雷克雅未克……但是巴黎，无论何时，你来到这里，总有一些东西吸引着你，让你流连忘返。

巴黎，塞纳河边。

世界上没有什么比在这蓊蓊郁郁的梧桐树旁漫步更惬意的事了。

偶尔驻足，凝望。脑海中对于历史、文学、艺术的诸多回忆与影像都如塞纳河畔的黄昏般，闪着金黄色的牟亮。在那牟亮中，你仿佛可以看见在恩怨情仇里纠葛的冉·阿让和沙威、气宇轩昂的爱德蒙·唐泰斯、美艳风雅的玛格丽特、侠肝义胆的达达尼昂、桀骜不驯的于连、美丽善良的爱丝美拉达和丑陋真诚的卡西莫多……

塞纳河，就这样静静地流淌着，将巴黎的气质一分为二：右岸有卢浮宫，左岸有先贤祠；右岸有银行，左岸有美术馆；右岸是物质的，左岸是精神的；右岸是精明的，左岸是纯真的。在右岸的咖啡馆里，人们谈生意；在左岸的咖啡馆里，人们谈艺术与哲学。

如果你也喜欢莫奈且恰巧不喜欢嘈杂，那么不妨去他的后花园和橘园美术馆看看；如果觉得花神咖啡屋人太多，那么不妨到 171 号丁香园咖啡馆，点一份甜点和一杯冰咖啡毫无目的地发呆一下午；你还可以去莎士比亚书店买一两本你喜欢的书，也许这把椅子海明威曾经坐过，也许斯科特·菲茨杰拉德恰巧在这窗口的位置发呆过，彷徨过……

巴黎是一座古老的城市，而我们却很年轻。这里什么都不简单，甚至贫穷、月光、是与非，以及那在月光下睡在你身边的人的呼吸，都不简单。

喜欢“迷惘的一代”，怀念他们在时的20世纪20年代的巴黎。

那个十年，文萃汇集，百家争鸣，超现实主义和立体主义构成了巴黎早期的世界艺术之都形象。画家和作家在左岸的咖啡馆里过着20世纪最富浪漫情怀的艺术人生，允许荒唐和放纵，鼓励新流派和创作。

“世界上所有的书以后我们都能读到了，外出旅行时也可以带上几本。”

“那样做没占别人的便宜吗？”

“当然没有。”

“她那儿有没有亨利·詹姆斯的书？”

“有。”

“哎呀，找到了这个地方，真是我们的运气。”

每次看到这段，总是莫名地感动。

在那时，海明威和我现在一样，是个初出茅庐的文艺青年，刚刚辞去了收入相对优渥的工作，在这所咖啡馆里专心于写作。他得到的是有着男子气概的先锋文学教母格特鲁德·斯坦的鼓励与倾囊传授。海明威说过：“没有题材是糟糕的，只要故事是真诚的，只要行文干净而率真，并且颂扬的是强压下的勇气和从容。”《胜者无所得》《第五纵队》《丧钟为谁而鸣》《永别了，武器》……战争就是那样造就男人的：在泥泞中倒下，你只有死得从容，才不失优雅与尊贵！那样不仅尊贵，而且充满勇气！

行走在巴黎，你永远不会觉得迷路。因为你站的地方可以是起点，却永远不会有终点。如果这时候再下起雨，那么就再美妙不过了！

或许，巴黎这座城市是世界上最适合用雨水作为点缀的地方。一个人，或者挽起你爱的人，不要撑伞，在巴黎的雨中漫步，偶尔经过新桥，经过旺多姆广场：雨中的巴黎，人来人往，享受淋湿的感觉，这是一种信仰，是一个内心如彩虹般绚烂的人才会懂的风景。雨和巴黎这两样东西的结合，若非亲眼所见，我实在想象不出会是怎样的心情。

如果这时候天色已晚，恰好你受不了红磨坊的喧嚣，又想喝几杯的话，一定要到多诺街 5 号的哈利的纽约酒吧坐坐。点一杯波旁威士忌，或许赶上聚会，你还可以看到有人在弹唱科尔·波特的《让我们这样做》（*Let's do it*）；你或许会看到某个巴黎姑娘像约瑟芬·贝克一样，就着《布利科蒂康嘉舞曲》在翩翩起舞；或者你可以和达利聊他最爱的犀牛，和曼·瑞聊摄影的技巧，和天才布努埃尔聊他的《泯灭天使》……

微醺时继续漫步，你会感受到真正的巴黎：

塞纳河在密拉波桥下流逝

还有我们的爱

何苦老是把它追忆

随着痛苦而来的总是欢喜

夜色降临钟声悠悠

白昼离去而我逗留

安静的小街小巷、通往书店或画廊湿答答的石板路、咖啡馆的橱窗、香榭丽舍大街和远处铁塔的点点光、塞纳河畔巴黎圣母院的悠悠钟声……对我来说，这就是最纯粹的巴黎！

巴黎永远有说不完的故事，每个在巴黎住过的人的回忆与其他人都不相同。我们总会回到那里，不管我们是什么人，她怎么变，也不管你到达那儿有多困难或者多容易，巴黎永远是值得你去的，不管你带给了她什么，你总会得到回报。

18 年前，法国队作为东道主在这里捧起他们队史上的第一座大力神杯。18 年后的今天，欧洲杯比赛来到法兰西，回到巴黎王子公园、圣丹尼和其他著名的古战场。这是法国人的宴会，足球人的盛典，全世界的节日。环球同此凉热，自此，午夜的中国同时沐浴着法兰西午后的灿烂欢快的阳光！

一件令人心悸的玩具，一个令人痴迷的宠物，一个吸纳了你的灵魂并将它恣意玩弄的魔鬼。它将我们的呼吸调至同一频率，从那个夜晚开始，全世界的心灵在和它一起跳动。

足球，我们的又一个生命。

刘卿羽

2016.7

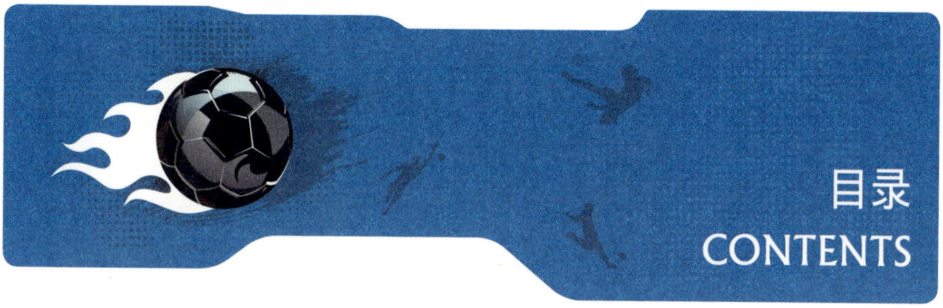

目录
CONTENTS

赛场　法国 2-1 罗马尼亚

赛前硝烟

法国：作为本届大赛的东道主，这是法国继 1960 年和 1984 年后第三次举办这一赛事。此前，“高卢雄鸡”曾在 1984 年和 2000 年两届欧洲杯上“抡元”。

法国队可谓兵强马壮，虽然头号球星本泽马因绯闻遭到放逐，后防中坚瓦拉内因伤无缘本次大赛，但是队中的大多数人都在各自联赛中的豪门效力。在欧足联改制后首届 24 支队伍参加的欧洲杯上，占据天时地利人和的法国队可谓势在必得。

罗马尼亚：在历史上，罗马尼亚队曾经涌现出许多享誉世界的球星：“喀尔巴阡山的马拉多纳”“中场阴谋家”哈吉，“眼镜蛇”伊利耶，波佩斯库，摩尔多万，中超江苏苏宁前主帅、曾效力英超切尔西队的佩特莱斯库，阿德里安·穆图，齐沃……

罗马尼亚队被公认为本届欧洲杯的“弱旅”。但是在本届欧洲杯预选赛上，罗马尼亚队 5 胜 5 平保持不败，仅丢 2 球，效力于佛罗伦萨的门将塔塔鲁萨努和那不勒斯的基里凯什是球队取得如此成绩的关键人物。只要二将稳定发挥，球队的防守就有保障。

比赛回顾

北京时间 6 月 11 日凌晨 3 点整，2016 年欧洲杯的揭幕战在法兰西大球场打响，东道主法国队迎战罗马尼亚队。上半场双方均无建树。下半场第 56 分钟，吉鲁头球打破僵局。第 63 分钟，斯坦库点射扳平比分。第 88 分钟，帕耶以一记世界波绝杀对手。最终法国队 2-1 力克罗马尼亚队。

“小人物”帕耶发挥抢眼，格列兹曼屡失良机

上半场开始后，两队均以试探为主，进攻节奏略显缓慢。第 3 分钟，罗马尼亚队获得角球机会，斯坦库门前包抄的抢射被法国门将洛里神勇挡出。第 4 分钟，罗马尼亚队再次觅得角球机会，安多内前点甩头攻门高出横梁。第 10 分钟，帕耶左路传中，吉鲁的头球攻门稍稍顶偏。第 13 分钟，萨尼亚右路传中，格列兹曼禁区内的头球攻门击中了立柱。第 26 分钟，博格巴外围尝试了一脚远射，皮球高出了横梁。第 35 分钟，帕耶右路倒三角回传，格列兹曼跟进的推射稍稍偏出了球门。上半场比赛结束，法国队暂时 0-0 战平罗马尼亚队。

大吉鲁打破僵局，埃弗拉慷慨送点

下半场易边再战。第 51 分钟，帕耶持续上半场的良好状态，一脚直传，阿森纳前锋吉鲁晃开角度后打门被门将没收。第 56 分钟，帕耶的努力终于帮助东道主掀起高潮，他右路晃开对手，将球扣至左脚进行传中，大吉鲁抢在门将出击前，头球后蹭将球送入远角，法国队 1-0 领先！

随后罗马尼亚队并没有放弃，第 59 分钟，斯坦丘主罚的角球传到禁区内，安多内的头球攻门顶高了。第 63 分钟，罗马尼亚队的努力终于收到回报，本场比赛异常活跃的罗马尼亚队 10 号斯坦丘禁区内被前曼联左后卫、现效力于尤文图斯的老将埃弗拉放倒，裁判果断判罚点球。19 号斯坦库在全场观众的巨大压力下假动作骗过洛里，一蹴而就，罗马尼亚人顽强扳平比分！

“小人物”终成大事业，“高卢鸡”收获开门红

双方回到同一起跑线后，法国队继续狂攻对手。第 74 分钟，埃弗拉左路传中，吉鲁的扫射被防守球员破坏。第 80 分钟，吉鲁回做，马夏尔跟进的低射被门将没收。第 88 分钟，一整场都有出色发挥的“小人物”帕耶终成大事业。坎特一脚直传，帕耶禁区前沿左脚突施冷箭，皮球直钻网窝死角，绝杀！

全场比赛结束，法国队 2-1 力克罗马尼亚队。“小人物”帕耶荣膺全场最佳！

双方出场阵容

法国队

1- 洛里；19- 萨尼亚，21- 科斯切尔尼，4- 拉米，3- 埃弗拉；15- 博格巴（76 分钟，11- 马夏尔），5- 坎特，14- 马图伊迪；7- 格列兹曼（65 分钟，20- 科曼），9- 吉鲁，8- 帕耶（90 分钟，18- 西索科）

罗马尼亚队

12- 塔塔鲁萨努；3- 拉特，21- 格里戈雷，6- 基里凯什，22- 萨普纳鲁；8- 平蒂利，5- 霍班，10- 斯坦丘（71 分钟，7- 基普休），19- 斯坦库，14- 安多内（60 分钟，9- 阿里贝克）；20- 波帕（81 分钟，11- 托尔热）

全场最佳：帕耶（法国）

法国 vs 罗马尼亚 比赛集锦

赛场　瑞士 1-0 阿尔巴尼亚

赛前硝烟

瑞士：与德国队一样，瑞士队也是一支球风严谨、讲究整体的球队。防守方面，他们则传承了另一位近邻意大利队的风格。预选赛中，他们与英格兰队、斯洛文尼亚队、圣马力诺队、立陶宛队以及爱沙尼亚队同分一组。他们在前两场比赛中分别输给了英格兰队与斯洛文尼亚队，小组出线的前景蒙上了一层阴影。好在他们及时反弹，剩下的 8 场比赛中取胜 7 场，提前一轮小组出线。10 场比赛他们打进 24 球失掉 8 球，实力不容小觑。

阿尔巴尼亚：本届欧洲杯预选赛上，阿尔巴尼亚队和葡萄牙队、丹麦队、塞尔维亚队、亚美尼亚队同处 I 组。球队在与小组最强对手葡萄牙队的交锋中，1 胜 1 负，双方平分秋色。小组赛首轮客场 1-0 战胜葡萄牙队更是让专家们大跌眼镜。而第三轮客场面对劲旅塞尔维亚队时，由于主队球迷冲入场内袭击客队球员，欧足联直接判定阿尔巴尼亚队 3-0 赢得该场比赛。也正是这场胜利让阿尔巴尼亚队在争夺出线权中占得先机，与竞争对手丹麦队的两场平局后，他们以 8 场比赛 4 胜 2 平 2 负，拿到 14 分，以 2 分的优势领先丹麦队位居小组第二，队史首次杀入欧洲杯正赛。

比赛回顾

北京时间 6 月 11 日 21 点整，2016 年欧洲杯 A 组首轮比赛在阿尔巴尼亚队与瑞士队之间展开，双方在朗斯的费利克斯·博拉尔球场展开对决。上半场，沙尔为瑞士队先拔头筹。下半场，阿尔巴尼亚队屡次错失良机。最终，瑞士队1-0战胜阿尔巴尼亚队，全取三分。

瑞士队发动“闪电战”，阿尔巴尼亚队自乱阵脚

比赛伊始，瑞士队便取得开门红！第5分钟，瑞士队觅得角球，沙尔前点头球攻门，皮球直入球门左侧死角！瑞士队1-0领先！第12分钟，进球功臣沙尔中圈右侧一脚直塞，沙奇里前插，只可惜越位在先。第14分钟，沙奇里低平球传向禁区，塞费罗维奇跟进一脚推射被贝里沙神勇没收。第31分钟，希萨伊右侧给出一记长传球到点球点附近，萨迪库单刀面对门将，射门被挡出，罗希外围远射再次被扑。第37分钟，卡纳禁区内倒地之后手球，吃到第二张黄牌被罚下场，阿尔巴尼亚队少了一人！此后，瑞士队利用人数优势展开攻势。半场结束，瑞士队1-0暂时领先。

瑞士队屡失良机，贝里沙数次化险

下半场易边再战。第53分钟，格拉尼特·扎卡中路传出一脚直塞球，塞费

罗维奇禁区内左侧跟进打门被贝里沙扑出。第 64 分钟，沙奇里任意球直接轰门，被门将贝里沙抱住。第 75 分钟，沙奇里禁区前沿得球给到左侧的恩博洛，后者起脚射门打偏了。第 86 分钟，阿尔巴尼亚队错失绝佳扳平机会，阿布拉希传出一脚直塞球，罗希反越位成功形成单刀，但他的射门被瑞士门将佐默神勇化解。

最终，全场比赛结束，瑞士队凭借沙尔的闪击以 1-0 战胜阿尔巴尼亚队，取得欧洲杯小组赛开门红。

双方出场阵容

瑞士队

1- 佐默；2- 利希施泰纳，22- 沙尔，20- 朱鲁，13- R. 罗德里格斯；11- 贝赫拉米，15- 哲马伊利（75 分钟，8- 弗雷）；10- 格拉尼特 · 扎卡，23- 沙奇里（88 分钟，16- 费尔南德斯），9- 塞费罗维奇；18- 穆罕默迪（61 分钟，7- 恩博洛）

阿尔巴尼亚队

1- 贝里沙；4- 希萨伊，5- 卡纳，15- 马夫拉伊，7- 阿戈利；13- 库克里，14- 托朗特 · 扎卡（61 分钟，20- 卡切），21- 罗希（73 分钟，16- 奇卡利什），3- 兰杰尼，22- 阿布拉希；10- 萨迪库

全场最佳：沙尔（瑞士）

瑞士 vs 阿尔巴尼亚 比赛集锦

每日一星

帕　耶

欧洲杯揭幕战，“高卢雄鸡”法国大战“黄玫瑰”罗马尼亚。比赛进行到第 90 分钟，法国队主帅德尚用西索科换下本场比赛一传一射的“小人物”帕耶。法兰西球场全场 8 万名球迷整齐地呼喊着帕耶的名字，这位新的法兰西英雄享受着雷鸣般的掌声。

帕佩·帕耶，出生于法国海外省留尼汪。从儿时起，小帕耶便爆发出过人的足球能量。12 岁的他因为天赋异禀，被法甲勒阿弗尔俱乐部选中。于是，他孤身一人远渡重洋，来到法国大陆寻求更大的发展。

然而，帕耶在勒阿弗尔的发展并不顺利。虽然接受了良好的足球系统训练，但他却被教练评价为“不合群”“性格不好相处”且“缺乏进取心”。在勒阿弗尔闯荡 4 年后，帕耶黯然地踏上了回家的路。

然而，帕耶并没有放弃自己的足球梦，而上帝也给了他第二次证明自己的机会。在他回到留尼汪一年半后，慧眼识人的南特队给了帕耶第二次证明自己的机会。2005 年 1 月，杀回法国大陆的帕耶从南特预备队所在的第四级联赛开始崭露头角。在南特踢球期间，由于生活拮据，帕耶不得不一边踢球，一边给当地的一家服装店当兼职导购，赚取生活费来维持生计。

在度过最初的艰难时期后，帕耶的职业生涯日益精彩，球技也日臻成熟。从南特到圣埃蒂安，从里尔到马赛，虽然辗转多队，但灵气十足的他给球迷留下了深刻的印象。2015年夏天，英超西汉姆联队向帕耶抛出橄榄枝。在帕耶加盟球队的处子赛季，他便一举成为球队的中流砥柱，虽然在联赛中期遭遇伤病，但“摇滚主帅”斯拉文·比利奇的谆谆教导和英超平台的历练，让帕耶的技艺炉火纯青。凭借该赛季的出色发挥，帕耶不但顺利地帮助“铁锤帮”拿到了下赛季的欧战资格，自己也入选了英超赛季最佳阵容。

法国队的首场揭幕战，是29岁的帕耶第一次代表国家征战国际大赛，而他的发挥堪称完美。在比赛中，他先是助攻阿森纳前锋吉鲁完成头球破门，自己又在比赛行将结束之际打进世界波，几乎是以一人之力解决了对手罗马尼亚队。特别难能可贵的是，帕耶所贡献的一传一射用到的都是他并不擅长的左脚！

而当帕耶被换下场时，他显然没料到如此大的场面和观众们对他的赞许与肯定。还没走到场边，他就已经激动得热泪盈眶。主帅德尚此时主动走上前与他击掌拥抱。走回替补席后，帕耶仍然难以控制激动的情绪，他一边用手揉着眼睛擦着眼泪，一边和替补席的队友们一一握手致意，这一幕倒也显得非常有趣。

或许对帕耶而言，自己从来没有想过会突然之间成为法兰西的英雄；更令法国队想不到的是，这样的帕耶，或许会在接下来的比赛中再接再厉，帮助法国队16年后再度染指德劳内杯！

赛场　威尔士 2-1 斯洛伐克

赛前硝烟

威尔士： 尽管曾经拥有吉格斯等名将，但是在欧洲杯历史上，威尔士男足从来没有打进过欧洲杯的正赛阶段。威尔士队上一次在国际大赛决赛圈中亮相，还要追溯至遥远的 1958 年的瑞典世界杯，当时他们在约翰·查尔斯的率领下闯入了八强，但最终被巴西队淘汰。此次法国欧洲杯，威尔士队在头号球星“大圣”贝尔的率领下成功杀入正赛阶段，时隔 58 年，再次回到世界足球的中心舞台。

斯洛伐克： 在捷克斯洛伐克联邦解体后，斯洛伐克在 1993 年 1 月 1 日成为拥有独立主权的国家，同年斯洛伐克国家队成立。由于成立时间比较短，再加上实力所限，斯洛伐克队此前在欧洲杯预选赛上便打道回府。2010 年，他们曾经打进了世界杯决赛圈，并在小组赛生死战中 3-2 淘汰蓝衣军团意大利队，成功晋级 16 强，创造了历史。最终，在 1/8 决赛中，他们输给了当届杯赛的亚军橙衣军团荷兰队。和威尔士队一样，首次参加欧洲杯的斯洛伐克队也期待着书写新的历史。

比赛回顾

北京时间 6 月 12 日 0 点，2016 年欧洲杯 B 组首轮全面开战。威尔士队与斯洛伐克队狭路相逢，比赛在新波尔多体育场打响。贝尔漂亮的任意球直接破门，打入威尔士队在欧洲杯决赛圈的第一球。斯洛伐克方面，则由马克助攻刚刚替补登场的杜达将比分扳平。随后威尔士队的拉姆塞助攻卡努破门将比分反超，此后内梅克头球中柱，最终威尔士队 2-1 击败斯洛伐克队。

哈姆西克闪击未果，贝尔逆天进球获赞

比赛由斯洛伐克队率先开球。第 2 分钟，斯洛伐克队险些打破僵局。哈姆西克右路断球后斜向衔枚疾走至禁区内，一记推射被本·戴维斯门前神勇挡出。第 8 分钟，赫罗绍夫斯基禁区前踢倒乔纳森·威廉姆斯，威尔士队获得禁区前定位球得分良机。贝尔主罚打出一记落叶斩，皮球越过人墙砸进了球门左侧，威尔士队 1-0 领先斯洛伐克队！

第 17 分钟，斯科特尔中场直传被拦截，威尔士队获得球权，拉姆塞禁区前一脚远射被门将稳稳没收。第 21 分钟，乔·阿伦后场放倒哈姆西克，斯洛伐克队获得一个前场中路位置的任意球，库茨卡主罚直接轰门，皮球稍稍高出横梁。第 42 分钟，魏斯禁区内左侧面对两名威尔士球员防守，强行传中，皮球被门将直接没收。上半场比赛结束，威尔士队 1-0 暂时领先斯洛伐克队。

杜达临危受命扳平，卡努锁定“红龙”首胜

下半场双方易边再战。第 54 分钟，魏斯中场斜长传，马克肋部插上左脚打门，皮球放了高射炮，飞向看台。第 60 分钟，斯洛伐克队扳平比分。马克右路突破至禁区，将球传至禁区左侧，刚刚替补出场的杜达领过皮球内切后，劲射破门，1-1！斯洛伐克队顽强地将比分扳平。此后，斯洛伐克队士气大振，威尔士队门前一度风声鹤

喉。第 62 分钟，魏斯禁区前左侧任意球直接打门，皮球飞出横梁。

此后，威尔士队逐渐稳定住军心，并慢慢寻求破门良机。第 79 分钟，贝尔禁区前任意球直接打门，门将将球抱住。一分钟后，威尔士队终于迎来反超进球。莱德利直传前场，拉姆塞禁区弧顶分球，卡努禁区内左脚打门，攻破了科扎契克的十指关，威尔士队 2-1 重新领先。最终全场比赛结束，凭借贝尔的任意球直接破门以及卡努的进球，威尔士队 2-1 战胜斯洛伐克队，拿到三分。

双方出场阵容

威尔士队

21- 丹尼·沃德；5- 切斯特，6- 阿什利·威廉姆斯，4- 本·戴维斯；2- 冈特，3- 尼尔·泰勒，14- 爱德华兹（68 分钟，16- 乔·莱德利），7- 乔·阿伦，10- 拉姆塞（87 分钟，15- 理查兹）；20- 乔纳森·威廉姆斯（70 分钟，9- 卡努），11- 贝尔

斯洛伐克队

23- 科扎契克；18- 斯文托，4- 杜里察，3- 斯科特尔，2- 佩卡里克；13- 赫罗绍夫斯基（58 分钟，8- 杜达），19- 库茨卡；7- 魏斯，17- 哈姆西克，20- 马克；21- 杜里什（58 分钟，11- 内梅克）。

全场最佳：贝尔（威尔士）

威尔士 vs 斯洛伐克 比赛集锦

赛场　英格兰 1-1 俄罗斯

赛前硝烟

英格兰： 英格兰队素有“三狮军团”之称。而球迷则喜欢将他们称为“欧洲中国队”“三喵军团”，以此来揶揄他们在大赛中经常性地表现不佳。迄今为止，在大赛中，英格兰队仅仅获得过1966年本土举办的世界杯冠军。而进入21世纪以来，他们在国际大赛中更是常年浑浑噩噩，几乎每次大赛都是带着英格兰球迷们的期望出征，带着失望而归。不过，本次出征的三狮军团的面貌可谓是焕然一新，人员搭配也非常合理，阵容中以青年球员占主流，部分老将加以辅佐。而这样难得的小清新，或许可以帮助多年没有在大赛中取得佳绩的英格兰队完成进一步的突破。

俄罗斯： 本次欧洲杯预选赛中，俄罗斯队与瑞典队、奥地利队、列支敦士登队、摩尔多瓦队以及黑山队同分一组。他们在首轮主场4-0大胜列支敦士登队后，紧接着连续3轮不胜。在第5轮中由于黑山赛场问题，俄罗斯队被判为客场3-0取胜，接着在第6轮主场0-1不敌奥地利队，小组出线形势岌岌可危。意大利老帅卡佩罗黯然遭到解雇，斯卢茨基临时救火。换帅之后，俄罗斯队在剩余4场比赛中取得全胜的佳绩，尤其是第7轮主场关键战役1-0拿下瑞典队。最终，俄罗斯队以6胜2平2负、进21球丢5球的战绩，排名小组第二，顺利晋级欧洲杯正赛。

比赛回顾

北京时间6月12日凌晨3点，2016年欧洲杯B组的首轮第二场比赛在马赛

韦洛德罗姆球场展开争夺。英格兰队遭遇俄罗斯队。上半场双方暂时和解。下半场第72分钟，英格兰队率先发难，戴尔直接任意球射门得分。伤停补时阶段，俄罗斯队队长别列祖茨基头球绝杀扳平。全场比赛结束，英格兰队1-1战平俄罗斯队。

拉拉纳忘穿射门靴，斯特林浪费单刀球

上半场开球后，两队的进攻均以快节奏为主。比赛刚开始，斯特林的直塞被阿金费耶夫没收。第6分钟，英格兰边后卫沃克突破到禁区内再横敲中路，拉拉纳停球后，打门被阿金费耶夫神勇挡出。第16分钟，沙托夫主罚的任意球传到禁区内，伊格纳舍维奇头球冲顶，球被哈特没收。第23分钟，斯特林获得单刀机会，但是被斯莫尔尼科夫铲抢化解。第27分钟，拉拉纳直塞，凯恩推射破门，不过越位在先，进球无效。第41分钟，罗斯左路传中被阿金费耶夫直接扑出。上半场比赛结束，英格兰队与俄罗斯队暂时打成0-0。

戴尔任意球直接破门，俄罗斯补时顽强扳平

下半场易边再战，俄罗斯队率先发动进攻。第48分钟，科科林下底后的传中被斯莫林抢先化解。第54分钟，英格兰队前场获得任意球机会，鲁尼主罚高出门框。第72分钟，英格兰队利用前场任意球机会打破僵局。戴尔主罚时利用

凯恩的晃动，打了一个时间差直钻网窝，英格兰 1-0 领先俄罗斯！

此后，霍奇森开始了保守的换人。第 78 分钟，刚刚上场的威尔谢尔直传，拉拉纳再次浪费良机。第 83 分钟，英格兰队再次获得任意球机会，凯恩主罚的直接任意球高出了横梁。此后，俄罗斯队没有放弃，而他们的努力也迎来收获。第 90 分钟，科科林的右路传中被斯莫林头球解围。1 分钟后，申尼科夫长传到禁区内，别列祖茨基头球吊射远角绝杀扳平。随后全场比赛结束，英格兰队 1-1 战平俄罗斯队。

双方出场阵容

英格兰队

1- 乔 · 哈特；2- 凯尔 · 沃克，5- 加里 · 卡希尔，6- 斯莫林，3- 丹尼 · 罗斯；10- 鲁尼（76 分钟，18- 威尔谢尔），17- 戴尔，20- 阿里，8- 拉拉纳；9- 哈里 · 凯恩，7- 斯特林（86 分钟，4- 米尔纳）

俄罗斯队

1- 阿金费耶夫；21- 申尼科夫，14- 瓦西里 · 别列祖茨基，4- 伊格纳舍维奇，3- 斯莫尔尼科夫；13- 戈洛温（76 分钟，15- 希罗科夫），5- 诺伊施塔特（79 分钟，8- 格卢沙科夫）；9- 科科林，17- 沙托夫，10- 斯莫洛夫（84 分钟，11- 马马耶夫）；22- 久巴

全场最佳：瓦西里 · 别列祖茨基（俄罗斯）

英格兰 vs 俄罗斯 比赛集锦

赛场　土耳其 0-1 克罗地亚

赛前硝烟

土耳其：欧洲杯预选赛中，土耳其队与荷兰队、捷克队、冰岛队、拉脱维亚队、哈萨克斯坦队同分在A组。在预选赛初期，土耳其队战绩糟糕，三场比赛仅积1分，出线形势堪忧。加之恰尔汗奥卢和托普拉克都对特里姆召入托雷愤愤不平（2013年国家队集训，托雷与恰尔汗奥卢和托普拉克发生过激烈争执），使得球队一度内忧外患。

然而，经验丰富的老帅特里姆立刻修正自己的错误，对战术思路做出相应调整。此后四轮，除客场战平荷兰队之外，他们在其他三场比赛取得全胜。七轮比赛结束之后，他们以1分之差落后荷兰队，位列小组第四。如果想要保留出线可能，土耳其队就必须在主场击败荷兰队。生死关头，土耳其队爆发出强大的能量，他们在主场3-0痛击橙衣军团，并且在最后两战接连力克捷克队和冰岛队，最终位列小组第三，将荷兰队挡在欧洲杯大门之外。

克罗地亚：本届欧洲杯预选赛上，克罗地亚队10轮小组赛取得6胜3平1负的成绩，落后小组头名的意大利队3分，力压挪威队、保加利亚队、阿塞拜疆队和马耳他队，以小组第二顺利晋级。意大利队在同克罗地亚队的两回合交手中都被1-1逼平，只可惜克罗地亚队在挪威丢分，从而无缘以小组第一的身份出线。

而纵观球队阵容，皇马中场摩德里奇、巴萨中场拉基蒂奇的“双剑合璧”将成为本届欧洲杯最强力的中场组合之一。此外，在欧洲杯预选赛上出场9次、斩获6球，表现异常出色的佩里西奇，也是克罗地亚队进攻端的重要棋子。而在锋线上，效力于意甲豪门尤文图斯的曼朱基齐也肩负着格子军团攻城拔寨的重任。

比赛回顾

北京时间6月12日21点，2016年欧洲杯D组首轮土耳其队遭遇克罗地亚队的比赛在巴黎王子公园球场开打。凭借摩德里奇惊世骇俗的世界波，克罗地亚队在上半场取得领先。下半场双方再无建树，最终，克罗地亚队1-0战胜土耳其队，首战告捷。

格子军团攻势占优，摩德里奇一锤定音

比赛伊始，第2分钟，摩德里奇得球后分到右路，插上的老将斯尔纳接球后传中，巴萨中场拉基蒂奇前点垫射偏出。第15分钟，摩德里奇低平球斜传，拉基蒂奇前场中路得球后送出直塞，球被托帕尔化解出危险地带。第22分钟，克罗地亚队策动反击，佩里西奇后场左侧拦截后下底传中，布罗佐维奇高高跃起攻门，球稍稍顶高。第42分钟，克罗地亚队的努力终见回报！布罗佐维奇前场左路传中被解围出去，外围中路的摩德里奇在对方干扰的情况下，来不及进行调整便右脚凌空抽射，皮球直奔左侧死角破门！

土耳其门前风声鹤唳，格子军众将屡中门框

下半场双方易边再战，克罗地亚队攻势不减。第50分钟，克罗地亚队定位

球罚出，曼朱基齐禁区里中路头球攻门被门将巴巴詹没收。第 52 分钟，克罗地亚队获得禁区前沿任意球，老将斯尔纳打出一记落叶球，皮球击中了横梁弹出底线！土耳其队逃过一劫。第 71 分钟，恰尔汉奥卢禁区外围得球后突施冷箭，皮球稍稍偏出底线。第 90 分钟，被称为“土耳其梅西”的年仅 18 岁的小将莫尔右路内切后外围突施冷箭，但球被防守队员挡出。下半场补时 4 分钟，双方没能再取得进球，最终克罗地亚队 1-0 战胜土耳其队，取得开门红。

双方出场阵容

土耳其队

1- 巴巴詹；7- 格努尔，15- 托帕尔，3- 巴尔塔，18- 埃尔金；16- 图凡，8- 伊南，14- 奥兹亚库（46 分钟，20- 沃尔坎森）；6- 恰尔汉奥卢，9- 托松（70 分钟，21- 莫尔），10- 图兰（65 分钟，17- 伊尔马兹）

克罗地亚队

23- 苏巴西奇；11- 斯尔纳，5- 乔尔卢卡，21- 维达，3- 斯特里尼奇；10- 摩德里奇，19- 巴德尔吉；14- 布罗佐维奇，7- 拉基蒂奇（87 分钟，13- 谢尔登菲尔德），4- 佩里西奇（86 分钟，9- 克拉马里奇）；17- 曼朱基奇（91 分钟，20- 普亚卡）

全场最佳：摩德里奇（克罗地亚）

土耳其 vs 克罗地亚 比赛集锦

每日一星

戴 尔

当三狮军团本次出战欧洲杯之时，大家发现：故人已去，很多人都已经不再熟悉。而正是“长江水后浪催前浪，尘世间一代新人换旧人”的历史车轮造就了英格兰队今天的惊艳。

本场比赛，年轻的英格兰队中场屏障的位置出现的不是经验丰富的老将米尔纳，不是利物浦队长亨德森，不是阿森纳太子爷威尔谢尔，而是热刺小将埃里克·戴尔。

2001 年，7 岁的戴尔跟随父母，举家迁居葡萄牙。随后，戴尔加盟葡萄牙竞技队，也就是当时的里斯本竞技青训营，并逐渐在那里站稳脚跟，这和很多鲜有出国踢球经历的英格兰国脚的足球之路大相径庭。随后，热刺主教练波切蒂诺慧眼识珠，将当时只有 19 岁的戴尔带回英国，加盟托特纳姆热刺。而回到英国本土的戴尔迅速地在球队站稳脚跟，上赛季的英超联赛，热刺斩获季军，戴尔功不可没。

此前，在友谊赛中，戴尔已经完成过绝杀德国队的壮举。而在今天的欧洲杯赛场，“小将军”也用出色的表现回报了老帅霍奇森的信任，完美的100%断球成功率、68 传 61 次到位的传球准确度的数据冠绝全场，而 4 次解围和 3 次拦截更是在三狮军团后防线前打造起了一道“天然屏障”。

这个名气并不大的小将，一定意义上已经成为英格兰队最大的不确定因素，也成了英格兰球迷的新宠。也许，今天的比赛结束后，戴尔可以骄傲地向大家宣布，“三狮军团”下一个巨星，不是凯恩，不是拉什福德，而是我埃里克·戴尔！

绝对巨星

卢卡·摩德里奇

当克罗地亚队小组首战便遇上8年前点球绝杀他们的对手土耳其队时，格子军团不仅满怀争胜的欲望，更带着无比坚毅的复仇心态，他们为捍卫荣誉而来。

当年的阵容中，摩德里奇还身披14号球衣。而在那场比赛中，他作为新人表现平平，球队冲击四强失败，带着遗憾落寞离场。如今，身上的14号变成了10号，这也时刻提醒着他，作为克罗地亚队的领袖，他的发挥左右着国家队的命运，关乎荣誉，关乎尊严。

开局，全世界的目光都落在了摩德里奇的身上，格子军团期待让全世界听到他们的怒吼。“魔笛”在上半时末段挺身而出，首次禁区外一脚爆射，就以一种近乎不可思议的方式让土耳其队“缴枪”。

“卢卡！（一脸惊讶状）鼓掌！鼓掌！”摩德里奇的俱乐部队友“大圣”贝尔在推特上的这句称赞绝非溢美之词。禁区外优美的天外飞仙，皮球呼啸而过，划过巴黎王子公园球场的上空直入球门，“魔笛”以所有人都意想不到的方式击溃了对手的心理防线。

刚毅的面容，清爽飘逸的发型，狂喜的表情，张扬而疯狂的庆祝，不仅来自首开纪录的喜悦、复仇宿敌的快意，更来自肩负的责任。这一刻，海魔女苏兰特的“死亡尽头交响曲”被摩德里奇用这样的方式，在欧洲杯赛场演绎。

随后的格子军团正式开启了全攻模式，展现出了非凡的霸气和野心。“魔笛”的笛声贯穿全场。

摩德里奇和土耳其队核心恰尔汗奥卢之间的对话中，今天以“魔笛”的完胜告终。

法国欧洲杯开赛以来的最佳进球属于摩德里奇。在欧洲大陆上，抢眼的格子风暴强势来袭，克罗地亚，距离真正的奇迹，也许只差魔笛一曲“死亡尽头交响曲”。

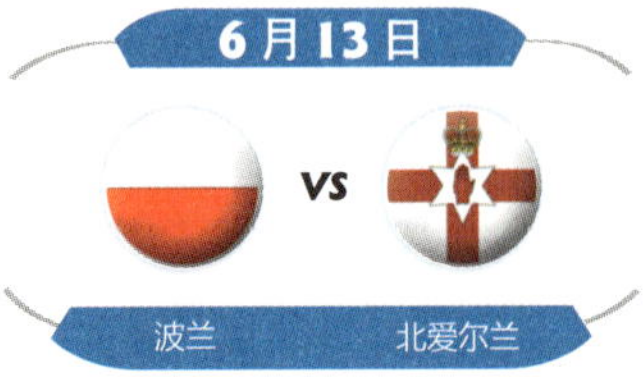

赛场 波兰 1-0 北爱尔兰

赛前硝烟

波兰：波兰队在预选赛中轰入 33 个进球，位列所有 53 支球队之首。他们的头号球星——本赛季状态爆棚的莱万多大斯基——在此前的欧洲杯预选赛上打进了 13 个进球，占全队总进球数的三分之一多，在队中的重要性可见一斑。今年是波兰连续第三次杀入欧洲杯正赛，但他们此前两次 6 战 3 平 3 负未尝胜绩，从来没有获得过小组出线权。此番来势汹汹，他们的目标就是能够杀入复赛，创造属于他们自己的历史。

北爱尔兰：北爱尔兰队在本次欧洲杯预选赛中与罗马尼亚队、希腊队、匈牙利队、芬兰队以及法罗群岛队分在一组。他们先是以一波令人意外的三连胜开局，只是在第 4 轮客场 0-2 不敌罗马尼亚队，接着在剩余比赛中保持不败。最终，绿白军团在 10 场预选赛中以 6 胜 3 平 1 负，进 16 球丢 8 球的彪炳战绩和小组头名身份首次杀入欧洲杯正赛。

比赛回顾

北京时间 6 月 13 日 0 点，2016 年欧洲杯小组赛 C 组首轮，波兰队与北爱尔兰队在尼斯体育场展开激战。第 51 分钟，米利克接库巴助攻打入全场唯一进球，波兰队 1-0 小胜北爱尔兰队。

波兰围攻北爱尔兰未果，莱万多夫斯基半场隐形

上半场比赛，北爱尔兰队率先开球。刚刚开场，波兰队便展开攻势，米利克前场右路定位球打在人墙上弹出。第 8 分钟，耶德泽齐克左路插上带球至禁区内左侧后，横敲中路，米利克前点打门偏出。第 18 分钟，库巴右侧角球发入禁区，北爱尔兰队中场核心戴维斯前点头球解围。第 28 分钟，米利克禁区前左脚远射，皮球被门将挡出。第 38 分钟，卡普茨卡禁区弧顶左脚抽射被门将飞身扑出。上半场，波兰队围攻北爱尔兰队却未能收获进球，半场比赛结束时，波兰队 0-0 暂平北爱尔兰队。

米利克灵光一现，绿白军无力回天

下半场双方易边再战。第 49 分钟，卡普茨卡左侧人球分过突入禁区后横敲，米利克得球后，没有机会打门。两分钟，波兰队的狂攻终于取得收获。库巴禁区内右路将球传到禁区中路，米利克左脚低射破门首开纪录，波兰队 1-0 领先北爱尔兰队。

此后双方你来我往。58 分钟，皮什切克来到禁区右路，底线回敲被后卫拦截。两分钟后，被严防死守的莱万多夫斯基禁区前直塞，将球传入禁区，被跟防后卫

的卡普茨卡插上捅射出了底线。第 78 分钟，曾效力于曼联队的中后卫埃文斯左路斜传禁区，后点麦克劳克林停球失误，出了底线。第 87 分钟，波兰队险些扩大领先优势，科雷霍维亚克带球至禁区前一脚爆射，皮球稍稍偏出。第 90 分钟，北爱尔兰队后场长传禁区，什琴斯尼出击与皮什切克相撞倒地。全场比赛结束，本场比赛表现出色的库巴助攻米利克攻入全场唯一进球，波兰队 1-0 小胜北爱尔兰队，全取三分。

双方出场阵容

波兰队

1- 什琴斯尼；20- 皮什切克，15- 格利克，2- 帕兹丹，3- 耶德泽齐克；10- 科雷霍维亚克，5- 马辛斯基（77 分钟，6- 约德沃维茨）；16- 库巴（79 分钟，11- 格罗西基），21- 卡普茨卡（87 分钟，17- 佩斯科）；7- 米利克，9- 莱万多夫斯基

北爱尔兰队

1- 麦戈文；5- 埃文斯，4- 麦考利，20- 卡斯卡特，2- 麦克劳克林；3- 肖恩·弗格森（65 分钟，11- 华盛顿），16- 诺伍德，17- 麦克奈尔（45 分钟，14- 达拉斯），6- 贝尔德（75 分钟，19- 沃德），8- 史蒂文·戴维斯；10- 拉弗蒂

全场最佳：米利克（波兰）

波兰 vs 北爱尔兰 比赛集锦

赛场　德国 2-0 乌克兰

赛前硝烟

德国： 在本届欧洲杯上，德国队被分在了 C 组，与他们同组的分别是乌克兰队、波兰队和北爱尔兰队。作为 2014 年巴西世界杯冠军以及夺冠第一军团最大热门，日耳曼战车自然希望拿到首场比赛的开门红。从历史交锋来看，德国队最近 5 次面对乌克兰队取得 2 胜 3 平的战绩，可谓占尽上风。

乌克兰： 在本届欧洲杯预选赛上，乌克兰队的发挥比较一般。在面对预选赛小组最强对手西班牙队和斯洛伐克队的 4 场比赛里，乌克兰队仅仅打平一场，其余均告失利。不过面对马其顿队、卢森堡队和白俄罗斯队这样的弱旅，乌克兰队并没有错过软柿子，砍瓜切菜般拿到足够的出线积分，获得欧洲杯预选赛附加赛资格。在附加赛首回合，乌克兰队 2-0 战胜斯洛文尼亚队，次回合 1-1 战平对手，两回合比分 3-1 晋级正赛。

比赛回顾

北京时间 6 月 13 日凌晨 3 点整，2016 年法国欧洲杯小组赛 C 组第一轮，德国队与乌克兰队的比赛打响。上半场，皇马大将托尼 · 克罗斯任意球助攻中卫穆斯塔菲首开纪录。下半场，替补出场的老将施魏因斯泰格门前包抄，为球队锁定胜局。最终，德国队 2-0 完胜乌克兰队。

克罗斯精准任意球制导，穆斯塔菲头球首开纪录

比赛刚开场，乌克兰队便主动出击。进攻中，效力西甲塞维利亚队的科诺普扬卡右脚打门，被诺伊尔侧扑化解出底线。第19分钟，德国队打开胜利之门。克罗斯任意球斜传至禁区中路，瓦伦西亚中卫穆斯塔菲插上，力压对方后卫头球冲顶，为德国队首开纪录！之后，德国队攻势愈加猛烈。第24分钟，德国队获得右侧角球机会，克罗斯角球开出到禁区，皮亚托夫出击，抢在穆斯塔菲之前单拳将球打出。第36分钟，乌克兰队迎来全场最佳破门良机：亚莫连科前场右路拿球，内切突至禁区挑传到后点，科瓦连科插上打门，被诺伊尔一挡，球放慢速度滚向球门，中卫博阿滕在皮球行将越过球门线之时将球解围出禁区。上半场比赛结束，德国队暂时1-0领先。

“小猪”后点包抄进球，补时阶段德国扩大比分

下半场双方易边再战。第55分钟，德国队前场进攻，克罗斯远射，球打在防守球员身上后发生变向，被皮亚托夫出击轻松拿到。第74分钟，赫迪拉前场

中路拿球，强突后分球给格策，格策停球横切，交给弧顶埋伏的穆勒，后者禁区弧顶迎球怒射，被皮亚托夫倒地封堵出底线。第87分钟，德国队中场抢断，厄齐尔得球，面对回防的两名乌克兰球员以及出击的皮亚托夫，推射直接送入皮亚托夫的怀中。下半场补时3分钟，德国队扩大比分。第92分钟，许尔勒后场拿球，推进至中线附近，分球给左侧前插的厄齐尔，厄齐尔强突后左脚横传到门前，施魏因斯泰格后点包抄打进第二球。全场比赛结束，德国队2-0战胜乌克兰队。

双方出场阵容

德国队

1-诺伊尔；4-赫韦德斯，17-博阿滕，2-穆斯塔菲，3-赫克托；18-克罗斯，6-赫迪拉；13-穆勒，8-厄齐尔，11-德拉克斯勒（77分钟，9-许尔勒）；19-格策（88分钟，7-施魏因斯泰格）

乌克兰队

12-皮亚托夫；17-费代茨基，3-卡切里迪，20-拉基茨基，13-舍夫丘克；6-斯捷潘年科，16-希多尔丘克；7-亚莫连科，9-科瓦连科（73分钟，21-津琴科），10-科诺普扬卡；8-佐祖利亚

全场最佳：克罗斯（德国）

德国 vs 乌克兰 比赛集锦

赛场 西班牙 1-0 捷克

赛前硝烟

西班牙： 作为卫冕冠军，斗牛士军团西班牙队被看成本届大赛的夺冠大热门。但随着哈维、比利亚、阿隆索等一干老将逐渐淡出国家队，面临新老交替的西班牙队的前景充满了未知性。在之前的热身赛上，西班牙队在 6-1 击败韩国队之后，居然 0-1 爆冷输给弱旅格鲁吉亚队，球队的表现也备受质疑，再加上近期“德赫亚性侵门”的影响，全队上下都笼罩在一片争议气氛之中。

捷克： 在本次征战欧洲杯的捷克队中，老将切赫与“足球莫扎特”罗西基是球队当之无愧的核心和中流砥柱。本届欧洲杯也将很有可能迎来他们的大赛“绝唱”。

在两队国际 A 级赛事的交锋历史上，双方共交手 15 次，各自取得 7 胜 1 平 7 负的成绩。最近的交手是在 2012 年欧洲杯预选赛中，西班牙队主场 2-1，客场 2-0“双杀”捷克队。

比赛回顾

北京时间 6 月 13 日 21 点整，2016 年法国欧洲杯小组赛 D 组首轮鸣枪开战，卫冕冠军西班牙队在图卢兹球场迎来捷克队的挑战。上半场西班牙队牢牢控制着场上局面，并且创造出了多次破门良机，但始终无法打破对方的“铁桶阵”。下半场第 87 分钟，两位巴萨球星完成默契配合：伊涅斯塔助攻皮克打破僵局。最终，卫冕冠军凭借皮克最后时刻的进球 1-0 战胜捷克队，艰难取得开门红。

斗牛士军团鱼贯掌握比赛节奏，捷克队撒下天罗地网铁桶阵

本场比赛，两支球队都尽遣主力登场。上半场率先由西班牙队开球。第 4 分钟，皮克禁区左上角逼抢，侵犯到捷克前锋内西德，捷克队获得禁区左侧任意球良机，达里达直接射门被西班牙人墙封堵。第 15 分钟，西班牙队险些打破僵局：胡安弗兰右路拿球斜传禁区找插上的席尔瓦，后者横传门前，莫拉塔跟进铲射，只可惜角度太正被切赫扑个正着。比赛进行到 20 分钟，西班牙队占据场上绝对的主动，控球率一度达到了 70%。第 38 分钟，小白中路拿球见切赫站位靠前，禁区外的一脚吊门未能命中靶心。第 44 分钟，捷克队防守反击制造杀机，达里达斜传禁区弧顶给内西德，后者停球转身劲射，被德赫亚封堵。上半场比赛随之结束，双方暂时打成 0-0。

皮克头球砸开防线缺口，捷克人最后时刻功亏一篑

下半场，双方都没有做出换人调整。第 46 分钟，小白过顶长传找到前插的莫拉塔，后者横传中路，胡布尼克伸脚拦截，差点儿自摆乌龙。第 56 分钟，捷克队获得前场任意球良机，克雷伊奇任意球斜传禁区，胡布尼克后排插上铲射，德赫亚倒地单手将球化解。第 64 分钟，捷克队获得为数不多的破门良机，罗西基的战术角球开出，克雷伊奇斜传到后点，塞拉西的头球攻门被小法在门线上大脚解围！

第 87 分钟，西班牙队的狂攻终于打破铁桶阵！胡安

弗兰右路拿球内切后斜传禁区，捷克球员倒勾解围，佩德罗拿到球后再次分给小白，小白强突禁区左侧斜传门前，皮克出现在中锋位置插上头球绝杀，西班牙队 1-0 取得领先！最终，凭借着皮克最后时刻的绝杀，卫冕冠军西班牙队 1-0 战胜捷克队，艰难取得本届欧洲杯小组赛开门红。

双方出场阵容

西班牙队

13- 德赫亚；16- 胡安弗兰，3- 皮克，15- 拉莫斯，18- 阿尔巴；5- 布斯克茨；21- 席尔瓦，10- 法布雷加斯（69 分钟，14- 蒂亚戈），6- 伊涅斯塔，22- 诺里托（81 分钟，11- 佩德罗）；7- 莫拉塔（62 分钟，20- 阿杜里斯）

捷克队

1- 切赫；2- 卡德扎贝克，6- 西沃克，5- 胡布尼克，8- 林贝尔斯基；13- 普拉希尔，22- 达里达；4- 塞拉西（86 分钟，18- 苏拉尔），10- 罗西基（88 分钟，15- 帕维尔卡），19- 克雷伊奇；7- 内西德（74 分钟，21- 拉法塔）

全场最佳：伊涅斯塔（西班牙）

西班牙 vs 捷克　比赛集锦

每日一星

米利克

当波兰队终于如愿以偿地取得欧洲杯首胜时，波兰人最该感谢的，无疑是米利克。在莱万多夫斯基被对方严防死守时，这位效力于荷兰阿贾克斯的前锋以一记石破天惊的大力抽射，为比赛完美收官。

从一开始，本场比赛便陷入胶着状态。北爱尔兰队的铁桶防守让波兰队头号球星，效力于拜仁慕尼黑的莱万多夫斯基束手无策，整场比赛陷入遁形。虽然头号球星被对方重点缠斗，但是却给了其他人发挥的空间。就在这时，米利克成了本场比赛的亮点。

上半场，他先是接队友耶德泽齐克传球，在禁区内射门，之后的远射又造成了对方门将脱手。而31分钟，他险些在上半场就为波兰人打开胜利之门：只见阿贾克斯前锋带球突破至小禁区前，稍作调整后劲射，可惜皮球稍稍偏出。错失良机的他也略显懊恼。不过下半场，他很快就用进球证明了自己的价值：他在弧顶附近一脚大力抽射，这记“贴地斩”钻过两名后卫的腿缝，贴着门将的指尖滚入了大门。凭借此球，他以22岁104天，成为波兰欧洲杯历史上最年轻的进球者，而波兰队也凭着这粒金子般的进球，取得了本队2016年欧洲杯决赛圈的首场胜利。

凭借出色的表现，米利克在赛后力压队友莱万和库巴，拿到本场最佳。相信不久的将来，这位灵活的大个子，会和自己在阿贾克斯的众多前辈一样，开启转会豪门的奇幻生涯！

绝对巨星

施魏因斯泰格

第 90 分钟，场上比分 1-0，乌克兰人正在抓紧最后时间试图扳平比分，防线并不牢靠的日耳曼战车面临巨大挑战。第 92 分钟，勒夫令旗一挥，换上 31 岁的老将施魏因斯泰格。上场后，他接左路厄齐尔“喂饼”，门前轻松包抄，帮助德国队锁定胜局，拿到三分！

本届欧洲杯前夕，由于伤病原因，施魏因斯泰格在曼联度过了一个并不能算成功的赛季。他的国家队的位置也受到威胁——就在 5 月底的德国媒体中，关于“是否有必要带上大伤初愈的施魏因斯泰格”的讨论愈演愈烈。面对质疑，小猪只能与伤病和时间赛跑。而此时，曾经的老队友、德国队前队长巴拉克也出面力挺：“由于时间关系，他可能无法恢复到最佳状态，但百分百的健康并非一个球员的全部，尤其是他这样的球员。巴斯蒂安对于教练来说是无价之宝，是球队的领袖。他是无可替代的。”

当勒夫力排众议，将刚刚伤愈复出的小猪带到法国之时；当即将年满 32 岁的他踏进皮埃尔·莫鲁瓦球场，最后一刻锁定胜局之时，球迷们想到的是：2014 年世界杯，他在决赛中血染赛场，成为跑动距离最多的球员之一，赛后才曝出他一直带伤踢着每一场比赛……

12 年前的葡萄牙，一脸稚气的小猪第一次踏上欧洲杯的赛场，伴随着他的，是德国队苦涩的小组出局；8 年前的瑞士、奥地利，一头银发的他力助日耳曼战车挺进最后决赛，却遗憾输给西班牙；

4年前的波兰、乌克兰，坐镇中场指挥官位置的他，与荷兰一役奉献两次助攻，却最终被巴神的意大利挡在决赛之外；而现在，已见白发的他将带领这支德国队，再一次向这一荣誉发起冲击。赛前乐观的小猪表示：若夺此奖杯，将此生无憾。

家有一老，如有一宝。两年前的巴西，克洛泽曾用进球和空翻将老将的作用重新定义。而今天，我们也同样相信，拥有幸运小猪的德国队可以继续在法国抒写传奇！

绝对巨星

“大空翼”——伊涅斯塔

西班牙对阵捷克，不出所有人赛前预料，本场比赛又一次成为西班牙式破密集防守的“教学课”。而如果说皮克成为那最后的攻城大锤，那么伊涅斯塔就是本场比赛打开铁桶阵那至关重要的“黄金钥匙”。

如今的西班牙队，正在面临新老交替，老将伊涅斯塔成为队中的绝对核心，自然也受到了对手的严防死守。而就是在这样的情况下，小白还是奉献了92脚传递，并且前19脚传球全部到位，没有一脚失误。他同时还为队友制造了5次破门机会与1次助攻，当之无愧地拿走了本场比赛的最佳球员。

赛后，西班牙媒体《马卡报》拍到了一张有趣的图片：图中，伊涅斯塔在一次进攻之中，被捷克队多名球员围堵。而这一幕，也让人想起了 4 年前的欧洲杯，当时的小白在首场面对意大利队的比赛中遭遇 5 人包夹，表现从容不迫；与克罗地亚队的比赛中，画面中 6 名克罗地亚球员围堵伊涅斯塔，也无计可施。如今，4 年过去了，小白依然面对着这样的状况，而这回防守他的球员从当初的 5 个、6 个增加到了今天的 7 个！

面对此情此景，我们第一时间联想到的是日本著名动漫《足球小将》的主人公——大空翼。在动画片中，大空翼就曾有过被多人同时包夹的画面。而如今，也许作者高桥阳一也不会想到，他在创作中的场景，8 年时间，被一个叫伊涅斯塔的人完美地进行了三次演绎！

赛场　爱尔兰 1-1 瑞典

赛前硝烟

瑞典：瑞典队在欧洲杯预选赛之中被分在了实力平平的 G 组。该组之中有列支敦士登队、摩尔多瓦队两支鱼腩之旅，而瑞典队和黑山队、俄罗斯队、奥地利队的实力都在伯仲之间。不过，拥有伊布的瑞典队无疑是该组出线的大热门。

在欧洲杯预选赛前半程，瑞典队的表现十分出色，球队一度触摸到了小组领头羊的位置。但是之后瑞典队的状态却急转直下，他们分别不敌直接竞争对手奥地利队、俄罗斯队，最终遗憾错失直接出线的资格。杀入附加赛的“北欧海盗”则是和丹麦队展开了残酷的淘汰赛。伊布更是放言：“不能将瑞典队带入欧洲杯决赛圈，就退出国家队。”一时之间，瑞典队和丹麦队的附加赛成了舆论焦点，好在伊布状态出色，最终率领瑞典队淘汰丹麦队，进军法国欧洲杯。

爱尔兰：本届欧洲杯预选赛上，爱尔兰队所在的小组并不轻松，他们与德国队、苏格兰队、波兰队、格鲁吉亚队以及直布罗陀队同分在一组。其中，他们发挥最出色的是与德国队的两回合比赛。首回合，前曼联中卫奥谢的补时进球，帮助爱尔兰队客场逼平对手。而回到主场，肖恩·朗的致命一击帮助爱尔兰队 1-0 拿下 2014 年世界杯冠军。

凭借这两场比赛的出色表现，他们以小组第三的成绩拿到了一个附加赛的参赛席位。在与波黑队的两回合比赛中，他们客场 1-1 逼平对手，回到主场 2-0 完胜，如愿拿到了本届欧洲杯的参赛资格。

比赛回顾

北京时间6月14日0点，2016年法国欧洲杯小组赛首轮，E组的爱尔兰队与瑞典队在法兰西大球场展开较量。下半场比赛中，科尔曼助攻胡拉汉率先打破僵局，随后伊布底线传中造成克拉克乌龙头球。最终，爱尔兰队1-1战平瑞典队。

双方进攻试探性为主，亨德里克远射击中横梁

上半场开场仅1分钟，布拉迪左路突破遭拉尔森放倒，爱尔兰队获得禁区左侧定位球。布拉迪主罚定位球传至禁区内，前点被对方头球解围。第5分钟，左后卫奥尔松左路传中，后点伊布头球顶高。第16分钟，布拉迪前场定位球传入禁区，林德罗夫头球解围出底线。布拉迪左侧角球传入禁区，前点克拉克头球后蹭，后点门前奥谢包抄铲射，遗憾错失皮球。第28分钟，布拉迪左路内切禁区弧顶劲射，皮球擦着横梁高出。第37分钟后，拉尔森左侧角球发入禁区，被后卫解围，林德罗夫挑传门前，伊布打门偏出。上半场比赛结束，双方互交白卷。

胡拉汉打破场上僵局，伊布灵光一现造乌龙

下半场易边再战。第47分钟，爱尔兰队率先发难：埃弗顿右后卫科尔曼突入禁区内右路挑传，后点胡拉汉右脚推射首开纪录，爱尔兰队1-0领先瑞典队！第49分钟，谢尔斯特伦右侧角球发入禁区，林德罗夫前点打门被门将飞身扑出，外围福斯贝里跟上补射，球偏出立柱。第59分钟，奥尔松左路45度传中，

伊布背身左脚打门稍稍偏出。

第70分钟，瑞典队将比分扳平！伊布禁区内左路直传底线传中，前点克拉克头球顶进自家球门，1-1！第81分钟，奥尔松左路低平球送到门前，伊布打门，皮球滑门而出。全场比赛结束，爱尔兰队1-1战平瑞典队。

双方出场阵容

爱尔兰队

23-兰道夫；2-科尔曼，4-奥谢，3-克拉克，19-布拉迪；6-蕙兰，8-麦卡锡（84分钟，7-麦吉迪），13-亨德里克；20-胡拉汉（77分钟，10-罗比·基恩），14-沃尔特斯（62分钟，11-麦克利恩），9-肖恩·朗

瑞典队

1-伊萨克松；5-奥尔松，4-格兰奎斯特，14-林德罗夫，2-卢斯蒂格（44分钟，3-约翰松）；9-谢尔斯特伦，18-莱维茨基（85分钟，8-埃克达尔），7-拉尔森；6-福斯贝里，11-贝里（58分钟，20-古伊德蒂），10-伊布拉希莫维奇

全场最佳：胡拉汉（爱尔兰）

爱尔兰 vs 瑞典 比赛集锦

赛场　比利时 0-2 意大利

赛前硝烟

比利时： 20世纪七八十年代是“欧洲红魔”比利时队最耀眼的一个时期。1972年，他们曾在本土举办的欧洲杯上斩获季军。20世纪80年代，他们又再进一步获得过亚军。瑟勒芒斯、格雷茨等人是比利时足球那个时代最闪耀的球星。比利时队也在那段时期被冠以“红魔”的称号。

到了21世纪后，欧洲红魔的魔性开始消逝，在2002年韩日世界杯中负于巴西队之后，比利时队便陷入长时间的低迷，期间他们的世界排名曾一度低于中国队。在21世纪第一个十年中，比利时队几乎被世人遗忘。不过从2010年开始，比利时足协多年来的复苏青训政策终于结出果实，最直接的体现就是几乎每个豪门队中都要有一两名比利时球星。两年前的巴西世界杯上，年轻的比利时队遗憾出局；两年后，欧洲红魔希望在法国完成征服欧洲的梦想。

意大利： 本届欧洲杯预选赛上，意大利队和克罗地亚队、挪威队、保加利亚队、阿塞拜疆队以及马耳他队同分在H组。在与小组最强对手克罗地亚队的直接交锋中，意大利队主客场均和对方战成1-1平，可以说不分伯仲。不过意大利队凭借更稳定的表现，10战拿到24分，夺得小组第一。效力于南安普敦的射手佩莱打入7球，是本届欧洲杯预选赛意大利队内的最佳射手。

目前，在国际足联官方的排名中，比利时队高居第二位，意大利队则排名第十二位。从阵容上来看，拥有德布劳内、卢卡库和阿扎尔的欧洲红魔前场堪称豪华，而由尤文主力防线为班底组成的蓝衣军团的后防堪称欧洲最强防线之一，这场矛与盾的大战会碰撞出怎样的火花？值得球迷期待！

比赛回顾

北京时间6月14日凌晨3点整，2016年欧洲杯E组的一场焦点战在里昂奥林匹克球场展开角逐，比利时队与意大利队强强碰撞。上半场第31分钟，贾凯里尼打破僵局。下半场第91分钟，佩莱将比分锁定为2-0。最终全场比赛结束，意大利队2-0轻取比利时队。

老辣意大利控制场上局面，贾凯里尼打穿比利时防线

上半场一开场，双方进入状态都比较快。第9分钟，费莱尼回做架炮台，纳因戈兰外围打出精彩远射，被布冯倒地扑出。第21分钟，纳因戈兰外围的远射偏出了球门。第28分钟，贾凯里尼的斜向传中被库尔图瓦单拳击出。1分钟后，达米安直传，佩莱外围的弧线球射门稍稍偏出了立柱。

第31分钟，意大利队后场发动进攻打破场上僵局，博努奇中圈精准长传找到贾凯里尼，后者禁区内完美卸下来球后，推射远角首开纪录，意大利队1-0领先！

此后，双方你来我往。第 34 分钟，坎德雷瓦禁区前沿的射门再次被库尔图瓦化解。第 38 分钟，维特塞尔外围的低射偏出了球门。第 42 分钟，费莱尼头球再次架炮，卢卡库背身打门，球被布冯没收。上半场比赛结束，意大利队暂时 1-0 领先。

孔蒂临场指挥完胜威尔莫茨，“砍刀”补时助攻佩莱锁定比分

下半场双方易边再战。第 52 分钟，比利时队在反击中迎来绝佳破门机会，德布劳内面对两人包夹一脚斜传，助卢卡库形成单刀，后者面对布冯的射门，挑过了横梁，错失本场比赛比利时队最好的机会！第 75 分钟，维特塞尔外围射门被帕罗洛封堵。第 89 分钟，德布劳内左路斜传，禁区内一片混战后皮球被布冯没收。第 91 分钟，贾凯里尼策动进攻，坎德雷瓦形成与门将一对一后，冷静将球转移到左路后点，佩莱凌空抽射空门得手，帮助意大利队锁定胜局！

最终，全场比赛结束，意大利队 2-0 完胜比利时队！

双方出场阵容

比利时队

1- 库尔图瓦；23- 希曼（74 分钟，11- 卡拉斯科），2- 阿尔德韦雷尔德，3- 维尔马伦，5- 维尔通亨；6- 维特塞尔，4- 纳因戈兰（61 分钟，14- 默滕斯）；7- 德布劳内，8- 费莱尼，10- 阿扎尔；9- 卢卡库（72 分钟，17- 奥里吉）

意大利队

1- 布冯；4- 达米安（57 分钟，2- 德西利奥），3- 基耶利尼，19- 博努奇；15- 巴尔扎利，6- 坎德雷瓦，23- 贾凯里尼，16- 德罗西（77 分钟，10- 莫塔）；18- 帕罗洛，17- 埃德尔（75 分钟，11- 因莫比莱），9- 佩莱

全场最佳：佩莱（意大利）

比利时 vs 意大利　比赛集锦

每日一星

贾凯里尼

当“平庸”的意大利遇上“贵族”比利时，一切的结果似乎早已注定。但是，有一个人偏偏不信邪，非要来一场大逆袭，他就是意大利队中的“小人物”——贾凯里尼。

意大利队2-0力克比利时队，令所有预言家大跌眼镜。而令人更加意想不到的是，“小人物”贾凯里尼竟然成为比赛的主导者，他不但在上半场帮助球队打破僵局，而且还在下半场策划了球队的第二个进球，彻底帮助蓝衣军团“杀死”了欧洲红魔。

和法国队的帕耶、英格兰队的瓦尔迪一样，贾凯里尼的职业生涯也充满了励志元素。贾凯里尼曾经一直在低级别联赛中摸爬滚打，练就了一身“武艺”。2008年时，贾凯里尼还效力于意丙联赛，但随后他跟随切塞纳完成三连跳，在2011年出现在意甲联赛。随着他的表现越来越出色，贾凯里尼迎来了尤文图斯队的青睐，这也是改变他人生的一个契机。当时发掘他无限才华的，正是时任尤文图斯主教练、现任国家队的主帅孔蒂。

一入豪门深似海。之后的尤文生涯里，贾凯里尼并没有得到太多表现的机会。于是他在两年前选择离开意大利，远渡重洋来到英伦三岛，加盟英超桑德兰队。英超联赛的激烈程度更讲究身体的对抗性，而身材瘦弱的贾凯里尼在长人如林的联赛中并没有太大的优势，他在桑德兰打打停停，始终无法锁定一个主力位置。

但是，习惯了在逆境中生存的贾凯里尼选择回到祖国，在冬季转会时选择了加盟博洛尼亚。重返意甲联赛之后，贾凯里尼又找回了昔日的比赛状态，并再一次获得了孔蒂的青睐，入选国家队。而本场比赛的进球，也让人们彻底记住了这个励志的意大利小个子。

赛后，贾凯里尼将这粒进球献给了自己过世的祖父："我很高兴能够打进一球帮助球队取胜，我们表现了获胜所需的一切素质。这粒进球我要献给几年前去世的祖父，我相信他一直在天上关注着我。"有了这样的贾凯里尼，相信蓝衣军团有理由让我们更加期待！

赛后焦点

真实的谎言——4.68 亿比利时真的是“伪强队”？

面对被各路专家视为历届大赛最“平民化”的一支“伪强队”——意大利队，星光熠熠的比利时队不但以一场 0-2 完败于对手脚下，而且被对手的老辣实实在在地上了一课。

在欧洲杯开赛前，比利时队的世界排名已经飙升到了欧洲第一，在世界排名方面也仅次于阿根廷队，被行家们公认为本届大赛德劳内杯有力的竞争者。在队中球员身价方面，高达 4.68 亿欧元的总身价仅次于德国、西班牙这样的冠军球队，排名第三。阿扎尔、德布劳内、库尔图瓦、卢卡库、奥里吉、卡拉斯科等一批球员如今都是欧洲足坛炙手可热的新生代球星，这样的豪门配置让不少球队为之艳羡。不过，足球比赛中，实力是用比赛来体现的。“平民”意大利用一场干净利落的 2-0 告诉比利时，他们离真正的欧洲顶级，还有很长的路要走。

回顾2015年至今比利时队进行的所有比赛，欧洲红魔在各项赛事中的14场比赛中累计取得了10胜1平3负的骄人战绩，而这样出色的表现，也是他们能在国家队的世界排名上迅速蹿升到第二名的原因。

可是纵观这14场比赛，却有多达6场的友谊赛。而其他8场正式比赛里，有非常刺眼的两场败绩：2015年的欧洲杯预选赛中0-1输给威尔士队；2016年欧洲杯小组赛0-2完败给意大利队。

而意大利方面，中场最具星光的维拉蒂和马尔基西奥缺阵，中前场黯淡无光，很多不看意甲的人未必能认全他们的球星。然而意大利就是意大利，“蓝衣军团”向年轻的“欧洲红魔”演绎了什么是整体足球。对于比利时来说，他们的能力不是问题，主教练——20世纪90年代“欧洲红魔”的代表人物——威尔莫茨如何尽快找出原因，在下场比赛迅速反弹，才是球队打破实力“真实谎言”的有力回击！

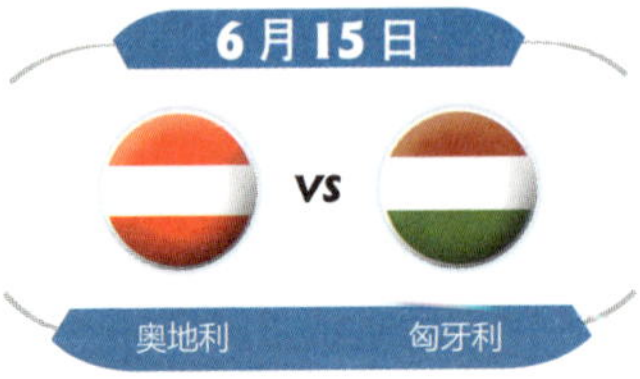

赛场 奥地利 0-2 匈牙利

赛前硝烟

奥地利： 在球队的参赛史上，奥地利队曾经在欧洲杯预选赛亮相了 100 场比赛。但是无一例外，球队没有一次能够打进欧洲杯决赛圈。此前，他们唯一一次参加欧洲杯正赛还是凭借 2008 年东道主的身份。

本届欧洲杯预选赛，奥地利队的分组可谓不甚理想，他们与瑞典队、俄罗斯队与黑山队等球队分到了一组。但是，他们却爆发出了惊人的能量。除了首场 1-1 与瑞典队握手言和之外，接下来的比赛，他们取得九连胜，包括客场 4-1 大胜瑞典。凭借这样的表现，他们得以提前两轮就从小组出线。出色的战绩与队中的几位球星，无疑让人们对于他们在欧洲杯的表现有了更多的期待！

匈牙利： 20 世纪中期，匈牙利足球可谓十分强大。当时球队有着许多享誉世界的球星：费伦茨·普斯卡什、桑多尔·柯奇什、约瑟夫·博希克和南多尔·希代古蒂是那个时代欧洲乃至世界足球的标杆。历史上，匈牙利队曾经获得过 1952 年、1964 年、1968 年三届奥运会冠军，以及 1938 年、1954 年两届世界杯亚军，他们在欧洲杯上的最好成绩是在 1964 年的西班牙欧洲杯上——夺得季军。然而，在那之后的许多年时间里，匈牙利足球逐渐走向没落，他们上一次参加世界杯还是在遥远的 1986 年，而上一次参加欧洲杯要追溯至 1972 年，如今匈牙利国家队在沉寂多年后终于又一次回到了世界足球的中心舞台。

比赛回顾

北京时间6月15日0时，欧洲杯F组首轮在波尔多打响。奥地利头号球星、效力于德甲拜仁慕尼黑队的阿拉巴开场30秒远射中框。下半时，匈牙利中锋绍洛伊首开纪录。奥地利中卫德拉戈维奇两黄变一红，早早退场。随后，匈牙利队由施蒂贝尔终场前锁定胜局。

阿拉巴爆射中柱，基拉利表现神勇

开场仅30秒，奥地利队便险些给了匈牙利队一个下马威。拜仁球星阿拉巴在门前25米处左脚抽射，皮球击中右门柱弹回，几乎为奥地利队取得梦幻开局。随后，他又接阿瑙托维奇左路低传，前点距门12米处左脚扫射，但被老门将基拉利化解。此后，匈牙利队的进攻组织稍见起色。老将格拉外围低射被阿尔默得到。随后，古兹米奇绊倒尤努佐维奇，奥地利队获得前场任意球，阿拉巴操刀主罚，皮球击中人墙。第35分钟，奥地利队再度给匈牙利队制造麻烦，德拉戈维奇右路传中，扬科后点头球回敲中路，尤努佐维奇门前劲射，再次被基拉利侧扑挡出！上半场，双方暂时互交白卷。

绍洛伊为匈牙利首开纪录，施蒂贝尔补时锁定胜局

下半时易边再战，匈牙利队茹扎克左脚突放冷箭，被奥地利门将阿尔默挡出。随后，上半场表现出色的尤努佐维奇受伤下场，扎比策临危受命。此后，第62分钟，匈牙利队率先取得进球！菲奥拉后场一记过顶长传，前锋绍洛伊胸部卸下来球，与克莱因海斯勒完成连续传递配合，最终由前者在门前铲射破门，1-0！此粒进球也是绍洛伊自2014年10月以来的国家队首球，他与队友兴奋地跑到看台前，与球迷拥抱庆祝。

此后，奥地利队开始调整阵容，奥科蒂换下首发前锋扬科。但随后场上局势风云突变，第66分钟，奥地利队的德拉戈维奇铲倒卡达尔，累计两张黄牌被罚出场。第87分钟，匈牙利队再次扩大领先优势。普里什金后场反击送出妙传，施蒂贝尔突入禁区，面对出击门将，冷静挑射将比分锁定为2-0！最终，匈牙利队2-0击败十人作战的奥地利队，取得小组赛开门红！

双方出场阵容

奥地利队

1-阿尔默；17-克莱因，3-德拉戈维奇，4-欣特雷格，5-富克斯；11-哈尼克（78分钟，18-舍普夫），14-鲍姆加特林格，8-阿拉巴，7-阿瑙托维奇；10-尤努佐维奇（59分钟，20-扎比策）；21-扬科（65分钟，9-奥科蒂）

匈牙利队

1-基拉利；5-菲奥拉，20-古兹米奇，2-隆格，4-卡达尔；10-格拉；11-内梅特，8-纳吉，15-克莱因海斯勒（79分钟，18-施蒂贝尔），7-茹扎克；9-绍洛伊（69分钟，19-普里什金）

全场最佳：格拉（匈牙利）

奥地利 vs 匈牙利 比赛集锦

赛场 葡萄牙 1-1 冰岛

赛前硝烟

葡萄牙：葡萄牙位于美丽的伊比利亚半岛，作为欧洲大陆最西端的国家，葡萄牙与大西洋对面的美洲大陆交流广泛，足球风格也刻上了浓浓的拉丁烙印。华丽的脚法、细腻的技术，让他们获得了“欧洲巴西队”的美誉。在葡萄牙队历史上曾经诞生过“黑豹”尤西比奥、鲁伊·科斯塔和菲戈引领的“92 黄金一代”，以及如今的“总裁”C 罗等享誉世界的球星。

葡萄牙队虽然名声显赫，但是却一直与国际大赛冠军无缘，其最接近冠军的一次大赛是 2004 年欧洲杯，虽然作为东道主，但是拥有“黄金一代”以及未来新星 C 罗的葡萄牙队，还是不敌“希腊神话队”。在“黄金一代”退役后，率领葡萄牙队的重任就落到克里斯蒂亚诺·罗纳尔多的身上。目前葡萄牙队正处于新老交替的时期，有新星的升起，也面临着中生代无人可用的尴尬境地。本届欧洲杯是葡萄牙队第七次向德劳内杯发起冲击，尽管外界并不看好他们的前景，但头号球星C罗肯定不会这样认为！

冰岛：本届欧洲杯预选赛上，冰岛队和荷兰队、捷克队、土耳其队、拉脱维亚队以及哈萨克斯坦队同分在A组。在与小组最强对手荷兰队的直接交锋中，冰岛队先是在雷克雅未克2-0完胜，随后又在客场1-0斩落对手，实现“双杀”。最终，凭借着10战6胜2平2负、积20分的战绩，冰岛队以小组第二名的身份进军欧洲杯，而这也是冰岛队历史上首次晋级欧洲杯决赛阶段的比赛。

比赛回顾

北京时间6月15日3时，欧洲杯F组首轮在圣埃蒂安开始第二场较量，葡萄牙队1-1战平冰岛队。曾效力过英超曼联队的纳尼攻入欧洲杯历史上第600球。下半时，冰岛队的比基尔·比亚尔纳松扳平比分，成为首位大赛决赛圈进球的冰岛人。最终，双方1-1握手言和。

“冰岛大狙”突放冷箭未果，纳尼打进欧洲杯第600球

冰岛队开场便积极展开攻势，防守反击战术贯彻坚决。开场3分钟，冰岛队获得反击良机，伯兹瓦尔松传球，“冰岛大狙”拉格纳·西古德森左路摆脱“武僧”佩佩，切入禁区一脚冷射，被帕特里西奥挡出。冰岛冷箭偷袭未果后立即回收防守。此后，葡萄牙队展开战术角球配合，格雷罗将球开到禁区，达尼洛头球被哈尔多松扑出底线。第12分钟，本届欧洲杯头号球星——克里斯蒂亚诺·罗纳尔多在门前25米处打出第一脚射门，但是却踢在了草皮上。第21分钟，葡萄牙队险些打破僵局，C罗左路摆脱防守后将球传到禁区，纳尼后点门前4米处头球被哈尔多松用脚神奇化解！

第31分钟，葡萄牙队的努力终获回报，戈麦斯右路与队友撞墙配合后传向

禁区腹地，纳尼前点小禁区线上推射近角，首开纪录，1-0！这是纳尼在欧洲杯上打进的首粒进球，此前，他欧洲杯出场635分钟无所斩获。纳尼打进的这粒进球也是欧洲杯历史上第600个进球！

30万人口小国打进欧洲杯首球，“罗总裁”全场努力无功收获平局

易边再战，下半时开场不到一分钟，葡萄牙队挑传被西古德森顶出，C罗拍马赶到，左侧距门前25米处迎球怒射，皮球偏出右门柱。此后，冰岛队的稳守反击战术收到奇效。第50分钟，格维兹门松反击中右路左脚传中，葡萄牙防线后点漏人，比基尔·比亚尔纳松在无人看防的情况下，距门6米处后排杀到，右脚半凌空抽射，将球打进球门，1-1，冰岛队顽强将比分追平！此前，葡萄牙队已有14次射门，而冰岛队第三脚射门便宣告破门，可谓效率奇高！

此后，葡萄牙队加强攻势，若昂·马里奥左路做球，格雷罗在门前12米处左脚施射，被门将哈尔多松化解。第85分钟，C罗错过绝佳进球良机，纳尼右路精准传中送到C罗头顶，“总裁”在门前近在咫尺的头球被哈尔多松化解。伤停补时阶段，葡萄牙队连续获得任意球机会，可惜C罗的两次任意球轰门都被“冰岛牌”人墙化解于无形。最终，全场坚决贯彻稳守反击战术的冰岛人顽强地逼平了小组最强对手葡萄牙队！

双方出场阵容

葡萄牙队

1- 帕特里西奥；11- 维埃里尼亚，6- 里卡多 · 卡瓦略，3- 佩佩，5- 格雷罗；10- 若昂 · 马里奥（76 分钟，20- 夸雷斯马），13- 达尼洛，15- 安德烈 · 戈麦斯（84 分钟，9- 戈麦斯）；8- 穆蒂尼奥（71 分钟，16- 雷纳托 · 桑切斯）；7-C. 罗纳尔多，17- 纳尼

冰岛队

1- 哈尔多松；2- 塞瓦松，6- 拉格纳 · 西古德森，14- 奥尔纳松，23- 斯库拉松；7- 格维兹门松（90 分钟，18- 埃尔马 · 比亚尔纳松），17- 贡纳松，10- 吉尔维 · 西古德森，8- 比基尔 · 比亚尔纳松；9- 西博尔松（81 分钟，11- 芬博阿松），15- 伯兹瓦尔松

全场最佳：哈尔多松（冰岛）

葡萄牙 vs 冰岛 比赛集锦

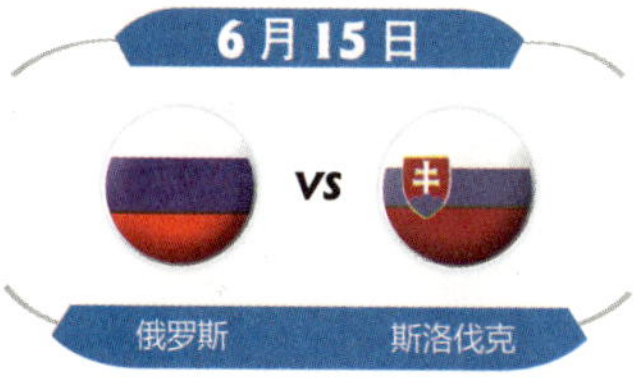

赛场　俄罗斯 1-2 斯洛伐克

赛前硝烟

历史上，俄罗斯队在与斯洛伐克队的 8 次交锋中 3 胜 3 平 2 负，近 4 次交锋仅失 1 球，稍占上风。本场比赛，俄罗斯队派出了与上轮完全一样的首发阵容。伤愈复出的格卢沙科夫，仍然被安排在替补席上。

在欧洲杯首轮的比赛中，斯洛伐克队 1 球小负威尔士队，但自 2013 年 10 月以来，球队从未在比赛中遭遇连败。此役，胡博灿顶替斯文托出任首发左后卫；后腰佩乔夫斯基替换赫罗绍夫斯基上场；首轮替补出场仅仅 52 秒便取得进球的杜达取代杜里什，在锋线担纲攻城拔寨的重任。

比赛回顾

北京时间 6 月 15 日 21 时，欧洲杯 B 组第二轮，俄罗斯队对斯洛伐克队的比赛在里尔打响。上半场，魏斯接哈姆西克助攻先拔头筹；上半时结束前，那不勒斯球星哈姆西克完成世界波。终场前，俄罗斯队大举压上，由格卢沙科夫扳回一球，但终究无力回天。

魏斯灵光一现先拔头筹，哈姆西克贡献逆天世界波

赛前，球场因瓢泼大雨不得不关闭顶棚。比赛开始后，双方经过互相试探后，

迅速进入比赛节奏。第10分钟，斯洛伐克断球展开地面部队反击，前锋杜达将球分至左路，头号球星哈姆西克在门前14米处左脚打门，没有考验到阿金费耶夫。随后，俄罗斯高中锋久巴制造杀机，他突入禁区右侧后，面对杜里察铲球后倒地，主裁判并没有表示，慢镜显示杜里察精准地先铲到了皮球，距离禁区内“极刑”差之毫厘。道高一尺，魔高一丈。在俄罗斯队浪费绝佳进球机会后，他们在第32分钟遭遇惩罚，哈姆西克中圈一记过顶长传，皮球如巡航导弹般精准地飞到魏斯脚下，后者禁区左侧停球，一记四两拨千斤的回拨，闪开两名后卫，在点球点附近轻巧地将球打入远角，1-0！

此后，斯洛伐克人越战越勇！第45分钟，魏斯投桃报李，效力于意甲那不勒斯队的中场哈姆西克禁区左侧轻巧地抹过后卫，在角度很小的情况下大力施射，皮球击中远门柱内侧弹进大门，将比分扩大为2-0！

俄罗斯中场大换血，格卢沙科夫替补建功

下半场双方易边再战。俄罗斯队主教练对中场做出大换血调整。开场后，斯洛伐克队攻势不减！库茨卡反击战中写意传球，马克禁区左侧距球门10米处左脚大力抽射，足球被阿金费耶夫托出横梁。随后，俄罗斯队右路策动攻势，申尼科夫头球摆渡，斯莫洛夫在门前10米处左脚凌空勾射，皮球软面无力，被科扎契克得到。

第81分钟，斯洛伐克队宣告城门失守。久巴前场起到支点作用，头球摆渡，斯莫洛夫抢前点，球打在背部至禁区左侧，面对来球，沙托夫与希罗科夫打出撞墙配合后，禁区左侧传中，替补出场的格卢沙科夫在门前9米处将球甩进球门远

角，1-2！俄罗斯人顽强追回一球！比赛行将结束之际，俄罗斯人频繁发动高空轰炸，而斯洛伐克队则顽强地在禁区内筑起一个个“防空洞”。最终，俄罗斯人无力回天，1-2败下阵来！

双方出场阵容

俄罗斯队

1-阿金费耶夫；3-斯莫尔尼科夫，4-伊格纳舍维奇，14-瓦西里·别列祖茨基，21-申尼科夫；5-诺伊施泰特（46分钟，8-格卢沙科夫），13-戈洛温（46分钟，11-马马耶夫）；10-斯莫洛夫，17-沙托夫，9-科科林（75分钟，15-希罗科夫）；22-久巴

斯洛伐克队

23-科扎契克；2-佩卡里克，3-斯科特尔，4-杜里察，15-胡博灿；19-库茨卡，22-佩乔夫斯基；20-马克（80分钟，21-杜里什），17-哈姆西克，7-魏斯（72分钟，18-斯文托）；8-杜达（67分钟，11-内梅克）

全场最佳：哈姆西克（斯洛伐克）

俄罗斯 vs 斯洛伐克 比赛集锦

每日一星

“秋裤”门将——基拉利

“奥匈之战”，改写了众多历史数据。其中最引人关注的球员，是匈牙利老门将基拉利。首发出战时，他的年纪是40岁74天。他也超越德国队传奇人物马特乌斯，成为欧洲杯历史上出场年龄最大的球员！

“老兵不死，他们只会慢慢凋零。”纵观欧洲杯历史，老骥伏枥的例子比比皆是。此前，欧洲杯参赛最大年龄纪录保持者是有“三驾马车之一”之称、德国足坛曾经的常青树——马特乌斯。排在第三、第四、第五位的分别是丹麦的莫滕·奥尔森，瑞士的彼得·希尔顿和瑞士的巴斯蒂奇。而接近这个排名的是38岁零5个月“高龄”的意大利队传奇门将布冯。

如今成为欧洲杯历史上出场年龄最大的球员的基拉利，职业生涯经历相当丰富。他的足球生涯开始于匈牙利的松博特海伊哈拉达斯足球俱乐部。此后，他先后在德国球队柏林赫塔、勒沃库森和慕尼黑1860，英格兰球队水晶宫、阿斯顿维拉、伯恩利和富勒姆，留下过自己的足迹，可谓游历各国。更为有趣的是，这位门将不喜欢身着短裤亮相门前，而是在每场比赛前都换上运动裤。他也因此被很多球迷戏称为“秋裤门将”。

在帮助匈牙利队时隔44年再次打进欧洲杯后，在本届欧洲杯的首场比赛中，这位老门将也凭借优异的表现，力保大门不失，帮助匈牙利队迎来开门红。“家有一老，如有一宝。”相信门前有这样一位经验丰富的“大叔”，匈牙利队的小伙子们会信心十足地面对比赛。

赛后焦点

告诉你，历史上那支最恐怖的匈牙利队！

凭借绍洛伊与施蒂贝尔的进球，匈牙利队在F组首战以2-0击败奥地利队。而纵观本届欧洲杯匈牙利队的比赛阵容，就算再铁杆的球迷，也很难知道这支“神秘之师”的几位球星。离开世界足坛中心舞台多年，匈牙利足球确实跟不上时代的节奏。但是，梦回20世纪，匈牙利足球可以说是横亘古今！

纵观世界大赛的历史，匈牙利队曾经两次获得世界杯亚军。1938年的法国世界杯，匈牙利队一路过关斩将：八强战6-0大胜荷属东印度群岛队，2-0完胜瑞士队，挺进四强，半决赛5-1狂扫瑞典队晋级决赛，只可惜决赛2-4负于拥有皮奥拉、梅阿查的意大利队。不过，这样的成绩充其量算作那个时代匈牙利足球的小试牛刀。

20世纪50年代的匈牙利足球，堪称是国家队中的翘楚！战术领先，巨星荟萃，三年内未尝败绩，虐当时号称“现代足球鼻祖”的英格兰队如砍瓜切菜……而代表着当时世界足坛的最高水准的球星，非队中的普斯卡什、希代古提、柯奇士莫属！

绰号“飞奔的少校”的队长普斯卡什，31岁加盟皇家马德里，和另一位传奇迪斯蒂法诺组成豪华锋线搭档。在那个年代，他曾4次斩获西甲最佳射手，帮助皇马5次拿到联赛冠军！

另一位传奇柯奇士，尽管只有1米77，但头球能力却异乎寻常，在当时长人如林的世界足坛享有“金头”的赞誉。1958年，柯奇士加盟巴塞罗那，在巴萨效力7年之久，126次出战，奉献82球。

两位神锋则联手为国家队一共打进159粒进球。普斯卡什85场达到了惊人的84球，而柯奇士的效率更加惊人，代表匈牙利队68次出场，打进75球，冠绝古今！

另一位巨星希代古提，则是古典前腰的鼻祖。当时，匈牙利的 3-2-1-4 阵型横行天下，希代古提埋伏在两名中锋普斯卡什和柯奇士身后担任中场核心。除此之外，他的进球功力也相当了得：69 次为国出战，打进 39 球！你会在里克尔梅、鲁伊·科斯塔、巴尔德拉马等“后辈”古典前腰身上找到希代古提的烙印。

20 世纪 50 年代，和“现代足球鼻祖”英格兰队的两场大战，让匈牙利队震惊世界。1953 年 11 月 25 日，温布利球场，匈牙利队 6-3 横扫英格兰队，10.5 万球迷见证了匈牙利足球帝国的强盛，英格兰的 WM 阵型，被匈牙利的 2-3-3-2 打得落花流水，这场比赛被誉为是“世纪之战”。1954 年 5 月 23 日，匈牙利队又在布达佩斯 7-1 痛揍英格兰队。从此，英格兰结束了“闭门造车”，开始反思和学习。

1954 年世界杯，匈牙利队当时已经享誉世界。在三大超级巨星的带领下，匈牙利队小组赛 9-0 横扫“太极虎”韩国队，8-3 狂屠德国队，这两场比赛，柯奇士先是帽子戏法，接着大四喜；1/4 决赛，匈牙利队 4-2 战胜“桑巴军团”巴西，半决赛又是 4-2 战胜两届世界杯冠军乌拉圭。只可惜决赛再次遇到小组赛对手德国队时，在 2-0 领先的大好局面下，被对手连扳三球上演大逆转，痛失冠军！

虽然遥远的历史已经尘封，但新的匈牙利队又在今天重新站在了欧洲足球的中心舞台，只要绍洛伊们坚持不懈，相信匈牙利足球会再次迎来属于它的春天！

赛场 罗马尼亚 1-1 瑞士

赛前硝烟

本场比赛开打前，瑞士队首轮 1-0 击败阿尔巴尼亚队胜出，罗马尼亚队则遗憾一球小负东道主法国队。历史上，两队总共交锋 12 场， 双方 5 胜 2 平 5 负平分秋色。

瑞士队依旧保持首轮取胜的首发阵容，队中大将哲马伊利第 50 次代表国家队出场。相比较首轮比赛，罗马尼亚队则轮换 3 人，前锋科塞鲁出现在首发名单，意图加强进攻。

比赛回顾

北京时间 6 月 16 日 0 点，2016 年欧洲杯 A 组第二轮在巴黎王子公园球场先赛一场。斯坦库点球破门，为罗马尼亚队首开纪录。此后，瑞士队穆罕默迪扳平比分。最终两队 1-1 平分秋色。瑞士队 1 胜 1 平积 4 分，在本组占据有利位置，罗马尼亚队则两轮不胜，仅积 1 分，小组出线前景堪忧。

塞费罗维奇连续浪费得分良机，罗马尼亚队点球惩罚对手

双方一开场便进入紧张的拼抢节奏中。第 6 分钟，瑞士队险些首开纪录，哲马伊利一记轻描淡写的直传，塞费罗维奇点球点处弧线球打门，球擦右侧立柱呼

啸而出。第16分钟，瑞士队再次制造杀机，“瑞士梅西”沙奇里送出精妙直塞，又是前锋塞费罗维奇在禁区左侧拿球，可他在比上一次距离球门更近的位置，再次浪费绝佳破门机会。拥有此“坑爹”前锋，瑞士队岂有不被惩罚之理？

第18分钟，罗马尼亚队策动进攻，基普丘突入禁区，被利希施泰纳顺势拉倒，裁判处以瑞士队“极刑”，首场比赛点球攻破法国队大门的斯坦库低射左下角中鹄，“黄玫瑰”率先取得一球优势！此后，领先的罗马尼亚人在稳守反击中显得更加游刃有余。

瑞士反击终见奇效，穆罕默迪凌空抽射扳平比分

下半场易边再战，罗马尼亚队调兵遣将，霍班换下上半场首发表现不佳的平蒂利。霍班刚刚上场便制造威胁，他在禁区内连续两次射门，前阿森纳后卫“蜡笔小新”朱鲁近距离解围，险些自摆乌龙！随后，瑞士队在第57分钟迎来转机。瑞士队前场开出角球引起罗马尼亚队禁区内混乱，混战中，中场大将穆罕默迪在禁区左侧点球点处觅得良机，凌空抽射远角为球队打破僵局，1-1！

扳平后，瑞士队士气大振，持续进行前场压迫。里卡多·罗德里格斯传中，“瑞士梅西”沙奇里点球点处倒勾打门，皮球飞上看台。随后，沙奇里再次操刀主罚任意球，但他势大力沉的射门被人墙封堵，进球功臣穆罕默迪禁区边缘迎球再打，皮球正入门将下怀。此后，双方再无力改写比分，最终在巴黎王子公园球场，两队 1-1 握手言和。

双方出场阵容

罗马尼亚队

12- 塔塔鲁萨努；22- 萨普纳鲁，6- 基里凯什，21- 格里格雷，3- 拉特（62 分钟，16- 菲利普）；8- 平蒂利（46 分钟，5- 霍班），18- 普雷佩利塔；11- 托尔热，19- 斯坦库（84 分钟，14- 安多内），7- 基普丘；13- 科塞鲁

瑞士队

1- 佐默；2- 利希施泰纳，22- 沙尔，20- 朱鲁，13-R. 罗德里格斯；11- 贝赫拉米，10- 格拉尼特·扎卡；23- 沙奇里（91 分钟，17- 塔拉沙伊），15- 哲马伊利，18- 穆罕默迪；9- 塞费罗维奇（64 分钟，7- 恩博洛）

全场最佳：格拉尼特·扎卡（瑞士）

罗马尼亚 vs 瑞士 比赛集锦

赛场　法国 2-0 阿尔巴尼亚

赛前硝烟

本场比赛前，东道主法国队在首轮艰难获胜。而面对本场对手阿尔巴尼亚队，法国队曾在此前两队的两场热身赛中 1 平 1 负，在以往的正式比赛中，法国队 4 次全部击败对手。本场比赛地——马赛也可谓是法国队的福地。“高卢雄鸡”在这里的近 4 场正式比赛取得 3 胜 1 平，保持不败。

本场比赛，法国队主教练德尚派出奇兵，两位核心博格巴、格列兹曼全部被弃用，而在拜仁慕尼黑如日中天的小将科曼和曼联“大腿”马夏尔分别入选，首发出战。阿尔巴尼亚队则轮换三人。赛前，全场为两天前遇害的法国警察及其妻子默哀。

比赛回顾

北京时间 6 月 16 日凌晨 3 点整，2016 年欧洲杯 A 组第二轮第二场比赛在马赛韦洛德罗姆球场上演。下半场，大吉鲁击中立柱，第 90 分钟，替补上场的马竞头牌格列兹曼头球打破场上僵局。第 96 分钟，“草根英雄”帕耶锁定胜局，法国队 2-0 战胜阿尔巴尼亚队。两连胜后，法国队领跑 A 组积分榜，率先杀入复赛。

阿尔巴尼亚稳守反击，法国队狂攻无功而返

比赛一开场，双方便奉献了高水平的攻防速率，阿森纳队前锋吉鲁先后错失帕耶与埃弗拉“喂”到头上的传球。反观阿尔巴尼亚队，他们的进攻同样乏善可陈。曼联“大腿”马夏尔首次出战大赛，略显生涩，左侧连续几次内切禁区也均告失败。此后，法国队连续造成对方犯规，拿到前场定位球机会，又是帕耶“喂饼”，吉鲁 10 码处再次浪费机会。此时，法国球迷齐声高唱《马赛曲》，激励球队。上半场双方均无建树。

格列兹曼头球上演绝杀，帕耶补时施射锁定胜局

下半场易边再战。法国队头号球星博格巴换下碌碌无为的马夏尔。此后，法国队渐渐在中场取得决定性优势。马图伊迪头球摆渡，小将科曼头球攻门，皮球稍稍偏出。第 52 分钟，阿尔巴尼亚队险些破门，萨迪库右路传中，梅穆沙伊小禁区边缘抢点令皮球偏转，但皮球击中右侧立柱弹回，又打在梅穆沙伊头上弹出底线，马赛的门柱帮助法国队逃过一劫。随后，马德里竞技的头牌格列兹曼换下

小将科曼。

第 90 分钟，法国队的努力终于换来收获，助攻上前的中后卫拉米右路传中，无人防守的马竞头牌格列兹曼近距离处头球破门，上演绝杀！此后，法国队放下压力，越战越勇。第 96 分钟，吉尼亚克传球，全场表现出色的帕耶切入禁区左侧 14 码处射入远角。最终，法国队 2-0 艰难擒下阿尔巴尼亚队，率先实现小组突围！

双方出场阵容

法国队

1- 洛里；19- 萨尼亚，21- 科斯切尔尼，4- 拉米，3- 埃弗拉；14- 马图伊迪，5- 坎特；20- 科曼（68 分钟，7- 格列兹曼），8- 帕耶，11- 马夏尔（46 分钟，15- 博格巴）；9- 吉鲁（77 分钟，10- 吉尼亚克）

阿尔巴尼亚队

1- 贝里沙；4- 希萨伊，18- 阿耶蒂（85 分钟，6- 维塞利），15- 马夫拉伊，7- 阿戈利；2- 利拉（71 分钟，21- 罗希），22- 阿布拉希，13- 库克里（74 分钟，14- 托朗特·扎卡），9- 梅穆沙伊，3- 兰杰尼；10- 萨迪库

全场最佳：埃弗拉（法国）

法国 vs 阿尔巴尼亚 比赛集锦

赛场　英格兰 2-1 威尔士

赛前硝烟

纵观两队的历史交锋，在鏖战的 104 场比赛里，英格兰队取得了 68 胜 22 平 14 负的成绩，占据绝对上风。其中，在正式比赛的 10 场交锋中，英格兰队 9 胜 1 平保持不败金身。威尔士队上次能让英格兰队饮恨还要追溯到 1984 年。

首轮比赛，英格兰队遭遇“黑色三分钟”，最后时刻被俄罗斯人扳平比分。此役，英格兰老帅霍奇森仍然没有对首发阵容做出任何改动。威尔士方面，科尔曼决定和昔日恩师玩一玩战术，收缩两翼改打机动型五后卫，主力门将亨尼西背伤痊愈取代利物浦年轻门将丹尼·沃德重回首发，乔·莱德利和上一场比赛的进球功臣罗布森·卡努首发出战。

比赛回顾

北京时间 6 月 16 日 21 时，欧洲杯小组赛第二轮万众瞩目的英伦德比——英格兰对威尔士的比赛鸣枪开战。上半场，“大圣”贝尔任意球直挂死角。下半场，临危受命的瓦尔迪替补登场扳平比分，利物浦大将斯图里奇补时阶段上演绝杀！最终，“三狮军团”英格兰队 2-1 逆转“红龙”威尔士队。此役，英格兰“高中生”拉什福德替补拉拉纳登场，成为欧洲杯历史上出场最年轻的英格兰球员。

利物浦"逆子"浪费绝佳良机，"大圣"贝尔任意球百步穿杨

比赛一开场，双方均以试探性进攻为主。英格兰队主打两翼，威尔士队则以长传为主。第 7 分钟，英格兰队在反击中迎来破门良机，哈里·凯恩回撤中场拿球，吸引威尔士防线前移后，送出精妙直传，利物浦"队草"拉拉纳右路高速插上得球后，突至禁区右侧，一记轻描淡写的直传扫到门前，昔日利物浦"逆子"、现效力于曼城队的边锋斯特林将近在咫尺的得分良机白白浪费！此后，英格兰队牢牢控制场上局势。第 26 分钟，英格兰队再次获得禁区左侧任意球机会，鲁尼将球传向门前，切尔西中卫加里·卡希尔甩头攻门被威尔士门将亨尼西化解。

第 42 分钟，屡屡浪费机会的英格兰人被"小弟"来了一记当头棒喝！鲁尼禁区前沿犯规送给对方任意球机会。赛前放出豪言的"大圣"贝尔直接轰门，皮球划出一道 S 型弧线绕过人墙后迅速下坠，哈特倒地扑救不及，皮球飞进大门死角，威尔士队率先破门！"背景帝"哈特再次被无解射门击败。

瓦尔迪替补出场扳平比分，斯图里奇补时绝杀再造神奇

易边再战，英格兰老帅霍奇森连续做出两处人员调整，莱切斯特神锋瓦尔迪和利物浦"大腿"斯图里奇联袂登场，分别替下表现不佳的哈里·凯恩和斯特林。第 55 分钟，鲁尼禁区前沿觅得机会，一记右脚推射，皮球穿过人丛贴草皮奔死角而去，亨尼西反应及时，将球扑出底线。1 分钟后，斯图里奇禁区左侧精准起球找同伴头顶，混乱中威尔士中卫阿什利·威廉姆斯头球解围不慎顶回危险地带，

瓦尔迪心领神会，插上门前扫射将球送进对方网窝，1-1！

第91分钟，英格兰队的努力又获回报！斯图里奇禁区前拿球策动进攻，将球分给瓦尔迪后前插，瓦尔迪禁区内扛住后卫后，再将球传给阿里，斯图里奇接阿里传球禁区左侧小角度捅射上演绝杀！“充电两小时，通话五分钟”的斯图里奇成功地在有限的出场时间内，解决了战斗！最终，英格兰队凭借两名奇兵的完美表现，2-1擒下“红龙”威尔士。

双方出场阵容

英格兰队

1-乔·哈特；3-丹尼·罗斯，6-斯莫林，5-加里·卡希尔，2-凯尔·沃克；10-鲁尼，17-戴尔，20-阿里，7-斯特林（46分钟，15-斯图里奇）；8-拉拉纳（73分钟，22-拉什福德），9-哈里·凯恩（46分钟，11-瓦尔迪）

威尔士队

1-亨尼西；3-尼尔·泰勒，4-本·戴维斯，6-阿什利·威廉姆斯，5-切斯特，2-冈特；16-乔·莱德利（67分钟，14-爱德华兹），7-乔·阿伦，10-拉姆塞；9-卡努（71分钟，20-乔纳森·威廉姆斯），11-贝尔

全场最佳：贝尔（威尔士）

英格兰 vs 威尔士 比赛集锦

每日一星

扎卡——“钟表王国”新核心

本届欧洲杯开始之前，兵工厂阿森纳队主教练温格一改精打细算的风格，砸下 3500 万英镑，从德甲门兴格拉德巴赫队签下瑞士核心格拉尼特 · 扎卡。作为阿森纳队史的豪购之一，扎卡在本届欧洲杯上的表现，无疑被很多枪迷和英超球迷所格外关注。而两场比赛过后，由于扎卡在场上的出色调度能力与核心地位，他已经开始赢得球迷的心。

欧洲杯开赛首战阿尔巴尼亚队，扎卡兄弟分别代表各自国家首发出场。而作为弟弟的格拉尼特 · 扎卡，在队中的地位已经取代沙奇里、哲马伊利、贝赫拉米等名将，以瑞士队中场核心的身份和突出表现，带领球队取得 3 分。本场比赛面对“黄玫瑰”罗马尼亚队，瑞士队开局不利，利希施泰纳在第 17 分钟拉倒对手，被裁判判罚点球，罗马尼亚人一蹴而就。在球队陷入被动局面之后，扎卡用自己的方式帮助了球队。他所领衔的瑞士中场并没有慌乱，而是在他井井有条的打理下逐渐控制住场上局势。他全场 108 次传球，传球成功率高达 88%，而且梳理之余，扎卡还为队友创造了 3 次射门机会，数据可谓冠绝全场。而扎卡也继上一场比赛之后，再次将欧足联评选的全场最佳球员的荣誉收入囊中！

赛后，欧足联官网这样评价扎卡：“扎卡再次为阿森纳球迷全方位地展示了自己，他创造了三次机会，并有四次空中争抢成功，还有

两次拦截。他证明阿森纳球迷可以从他身上期待更多。”

此前，3500 万英镑的身价让扎卡承担着不少怀疑的声音，而如今，很多人都在为温格用如此“低廉”的价格觅得珍宝而纷纷点赞！也许此时，温格已经在畅想下赛季的英超布阵，而有“钟表王国”如此精准的扎卡坐镇中场，相信厄齐尔、桑切斯们可以在前场更加游刃有余！

绝对巨星

鲁　尼

凭借瓦尔迪和斯图里奇的神兵天降，英格兰队下半场 2-1 成功逆转“小弟”威尔士队。当聚光灯停留在两位表现出色的神锋时，另一位神锋则成功地完成了新的转型。他就是三狮军团的真正核心——维恩 · 鲁尼。

在本次霍奇森所挑选的 23 人大名单中，鲁尼的位置虽然被定义为前锋，但是实际上，他的速度与灵巧性已经很难与其他几位锋线球员相比较，他的位置更多是在中场中路，负责全队的串联组织工作。

在与威尔士队的比赛中，鲁尼全场一共创造了 6 次进攻机会。此外，他的传球成功率达到了 91%，完成 69 次传球，这一数据也超过了威尔士队拉姆塞、乔 · 阿伦和贝尔三位核心球员的传球数总和（44 次）。难怪英媒在赛后惊呼：“小胖就是我大英的‘皮尔洛’！”

早在弗格森执教曼联的后期，鲁尼在场上便经常被老爵爷安排后撤，莫耶斯执教时期为让范佩西有更大的活动空间，鲁尼开始更多地出现在前腰位置上。而范加尔时代，“厨师”经过多次配比之后，鲁尼中场中路的位置更加固定，甚至在比赛中一度出任后腰，负责红魔的整体串联和拦截。

正是这样的积累与磨炼，让鲁尼在欧洲杯的赛场上担纲中场时显得游刃有余，在数据方面甚至可以和马图伊迪、摩德里奇、厄齐尔、哈姆西克等科班出身的中场一较高下。这种改变，直接受益的就是英格兰队。两场小组赛，鲁尼贡献了 4 次关键传球，在新的位置焕发第二春的鲁队长将会带领众多英格兰小将们为新的目标发起冲击。

赛后焦点

乔·哈特——专注背景帝“100年”

三狮大战红龙的比赛进行到第42分钟，威尔士巨星贝尔30米处的任意球划过天际，在人墙头顶掠过后，迅速下坠后刁钻地飞入死角，英格兰国门乔·哈特横身扑救鞭长莫及。“世界波背景帝”哈特再次成为“神仙球”的受害者。

毫无疑问，英格兰队门将乔·哈特以稳健见长，这位出道曼城青训的门将经过多年历练，已经成功跻身世界一流门将行列。赛前，他与德国门将诺伊尔、意大利老将布冯、西班牙门将德赫亚、法国门将洛里、比利时门将库尔图瓦和捷克门将切赫，被媒体并称为本届欧洲杯“七大门神”。但是和其他六位不同，乔·哈特丢掉的球没有几个是正常射门，往往都是来自巨星或某位球员临场即兴演绎的“神仙球”。所以，国内某英超著名解说员曾经开玩笑道：“天若有情天亦老，碰到哈特蒙一脚。”

在对阵威尔士的比赛中，这一玩笑再次应验。赛后，这粒进球也成为球迷和媒体的谈资。但是相比较这些年来哈特遭遇的神仙球，这个进球实在“不值一提”。下面我们就来看看哈特曾经遭遇的八大“天外飞仙”球：

NO.8

2015—2016赛季　阿森纳VS曼城　沃尔科特

阿森纳主场迎战来访的曼城，比赛进行到第33分钟，“小老虎”沃尔科特大禁区线左侧横向盘带，在观察到哈特站位后，迅速起右脚大力抽射，皮球像炮弹一样掉进远角！哈特横身飞出，但是为时已晚。

NO.7

2015—2016 赛季 利物浦 VS 曼城 斯科特尔

比赛进行到第 81 分钟，“红军”右侧角球传中，本特克将球顶下，顺势架炮做给禁区前沿的斯科特尔，后者没做任何调整抡起右脚便射门，皮球势大力沉钻入死角。哈特虽然做出扑救动作，但仍然无法阻止皮球的运行轨迹。

NO.6

2013—2014 赛季 埃弗顿 VS 曼城 巴克利

同为英格兰国脚，“太妃糖”小将巴克利也知道哈特的“弱点”。埃弗顿左路发动进攻，大禁区外的巴克利接到队友做球之后，不做任何调整，右脚随即兜出一记弧线球，皮球像一道彩虹一样飞向球门。面对此“绝招”，哈特只能“望球兴叹”。

NO.5

2011—2012 赛季 曼城 VS 斯托克城 克劳奇

“大竹竿”克劳奇是英格兰前锋里的技术型，别看他身高 2 米 02，但是球商超高，很早就发现哈特是自带“世界波背景帝”属性的门将。比赛中克劳奇在前场偏右的地带游弋后，接队友传球右脚停球，不等皮球落地就是一脚爆射，皮球高高飞起，急速下坠后妥妥地飞入球门死角！

NO.4

2012—2013 赛季 曼城 VS 利物浦 杰拉德

作为远射泰斗，利物浦队魂杰拉德自然会出现在这份榜单中。该场比赛第 73 分钟，恩里克左路传中，克利希禁区内解围不利索，曼城禁区前沿缺乏保护，杰拉德此时胸部停球后，张弓搭箭，30 码处右脚凌空抽射直入死角。哈特面带苦涩，心中苦笑：终于轮到老哥你了……

NO.3

2012—2013 赛季 曼城 VS 埃弗顿 奥斯曼

埃弗顿悍将奥斯曼也是一位专注于世界波的球员。既然遇上哈特，不来上一个不给面子。本场比赛，埃弗顿右路策动攻势，奥斯曼接到右路传球后，毫不犹豫抡起并不擅长的左腿就是一脚，皮球在空中划出一道诡异的弧线后，直入球门左上死角！哈特没有做出任何扑救动作，对此球也是无可奈何。

NO.2

2010—2011 赛季 曼联 VS 曼城 鲁尼

曼彻斯特德比，此时的比分是胶着中的 1-1。第 77 分钟，纳尼边路将球传到禁区内，鲁小胖竟然晃动并不太灵活的身躯，腾空而起倒挂金钩，此球无论是角度、发力、吃球部位都恰到好处，面对这样的神仙球，哈特也只能缴械投降！而鲁小胖的此球，也是英超 20 年最佳进球评选中得票率高居第一的进球，不但得到 26% 的球迷支持率，而且哈特的一脸无奈的镜头，也被在全世界各个地方反复播放。

NO.1

2012 年 11 月 英格兰 VS 瑞典 伊布

谁也没想到这场普通的友谊赛，却诞生了那年最不可思议的一幕。第 91 分钟，瑞典后场开出大脚，哈特出击头球解围不远，皮球正好落在背对球门的“大奉先”伊布身旁，瑞典“神塔”距离大门 33 米外，不等皮球落地，侧凌空倒勾，腾空足足有两米高，皮球在空中划出一道抛物线后飞进大门上角！当时，就连英格兰本土的解说员也对伊布顶礼膜拜，凭借此粒神仙球，哈特的“背景帝”噩梦达到了巅峰。

赛场 乌克兰 0-2 北爱尔兰

赛前硝烟

纵观两队的历史交锋，乌克兰队占据上风，他们 4 次对阵北爱尔兰队，两胜两平保持不败金身。此前，乌克兰队在首轮被德国队 2-0 击败，此战不容有失。

首发阵容方面，乌克兰队上场首发的佐祖利亚被塞列兹诺夫替换。而北爱尔兰队则在首轮负于波兰队之后，对首发阵容进行了五人的大调整。

赛前，北爱尔兰全队臂缠黑纱出战，以纪念上场比赛观战时一位不慎失足摔下过世的本国球迷。

比赛回顾

北京时间 6 月 17 日 0 点，2016 年欧洲杯 C 组第二轮比赛在里昂球场先赛一场。北爱尔兰队的麦考利和麦吉恩各下一城，帮助北爱尔兰队 2-0 爆冷获胜。乌克兰队两场比赛一球未进，遭遇连败。

北爱尔兰球迷悼念罗杰斯，上半场比赛双方乏善可陈

比赛一开场，两队便陷入僵持局面。双方在防守中均显得小心翼翼，有威胁的进攻并不多。第 24 分钟，北爱尔兰球迷集体向去世的球迷鼓掌默哀。第 34 分钟，北爱尔兰队率先发难，杰米·沃德角球开向禁区，卡斯卡特小禁区前头球攻

门稍稍偏出右侧立柱，北爱尔兰队错过绝佳破门良机！此后，乌克兰队渐渐找到一些存在感，但仅仅是体现在犯规方面。塞列兹诺夫因为粗野犯规被裁判黄牌警告。而随后，效力于西甲塞维利亚队的球星科诺普扬卡禁区左侧尝试一脚射门，皮球被封堵出去。

大雨冰雹天气恶劣，北爱尔兰队一球领先

下半场双方易边再战，乌克兰队率先发难。科诺普扬卡将角球开到禁区内找到塞列兹诺夫，后者小禁区左侧头球攻门，皮球稍稍偏出球门。此后，双方在大雨中你来我往。第49分钟，北爱尔兰队打破场上平衡。诺伍德左路任意球吊向禁区，麦考利跟上冲顶，皮球飞入远角，1-0！第58分钟，雨势变大而且夹杂着冰雹，捷克裁判克拉洛维奇暂时吹停比赛。而天公此时仿佛和双方球员开起了玩笑，两队球员刚走到球员通道，冰雹突然停止，裁判随即恢复比赛。此后，乌克兰队开始展开猛攻。科瓦连科禁区弧内凌空抽射，皮球擦着右侧立柱飞向广告牌。舍夫丘克左路起球，刚刚替补出场的津琴科11码处头球攻门，皮球被门将拿个正着。

乌克兰表现乏善可陈，麦吉恩补射“杀死”悬念

此后，北爱尔兰队开始表演换人拖延时间战术，先是第四官员举牌显示科里·埃文斯下场，但球员佯装拒绝服从教练安排，在与教练员协商后，另一位球员达拉斯试图下场又被教练推回场内，北爱尔兰队在拖延几分钟时间后并未完成

换人，“最佳表演奖”达拉斯最终被裁判黄牌警告。接着，乌克兰队几次不痛不痒的射门宣告偏出后，第96分钟，北爱尔兰队宣判乌克兰队本场比赛彻底“死亡”，马根尼斯传球，达拉斯禁区边缘大力施射被门将挡出，麦吉恩小禁区前补射中鹄，皮球钻入右下角！

最终，凭借麦考利和麦吉恩的进球，北爱尔兰队2-0击败乌克兰队，全取三分。

双方出场阵容

乌克兰队

12-皮亚托夫；17-费代茨基，3-卡切里迪，20-拉基茨基，13-舍夫丘克；6-斯捷潘年科，16-希多尔丘克（76分钟，19-加马什）；7-亚莫连科，9-科瓦连科（83分钟，21-津琴科），10-科诺普扬卡；11-塞列兹诺夫（72分钟，8-佐祖利亚）

北爱尔兰队

1-麦戈文；18-阿龙·休斯，20-卡斯卡特，4-麦考利，5-琼尼·埃文斯；19-杰米·沃德（69分钟，7-麦吉恩），13-科里·埃文斯（93分钟，17-麦克奈尔），8-史蒂文·戴维斯，16-诺伍德，14-达拉斯；11-华盛顿（84分钟，21-马根尼斯）

全场最佳：麦考利（北爱尔兰）

乌克兰 vs 北爱尔兰 比赛集锦

赛场　德国 0-0 波兰

赛前硝烟

2014 年，波兰在本届欧洲杯资格赛主场首胜德国队，终结了此前对阵德国不胜的尴尬纪录。此外，德国队在两队交锋历史上的其余 19 场取得 13 胜 6 平的战绩，可谓占据绝对心理优势。

此前，第一轮小组赛两队均取得胜利。而本场比赛，波兰队用法比安斯基、格罗西基分别替换首场比赛状态平平的什琴斯尼和卡普茨卡。德国队伤愈复出的胡梅尔斯代替首场比赛中头球破门的穆斯塔菲，首发出战。

比赛回顾

北京时间 6 月 17 日凌晨 3 时，欧洲杯小组赛第二轮第二场比赛在法兰西大球场开打。双方两位当家球员穆勒、莱万多夫斯基均告哑火，而格策、克罗斯、厄齐尔也未能抓住机会，上场比赛进球的米利克更是浪费绝佳进球良机。最终，经过 90 分钟鏖战，双方互交白卷。本场比赛也是本届欧洲杯的首场 0-0 比赛。

日耳曼魔力尽失，波兰队稳守反击

比赛进行伊始，效力于尤文图斯的后腰赫迪拉便因为犯规被裁判出示黄牌。第 4 分钟，沃尔夫斯堡天才球星德拉克斯勒左路摆脱波兰队纠缠后起球到禁区内，

禁区中心地带，在拜仁“郁闷”了一个赛季的格策用自己不擅长的头球攻门，皮球没有考验到法比安斯基。第 6 分钟，科隆左后卫赫克托左路内切后起脚远射，球打在队友赫迪拉身上变线，皮球稍稍偏出右侧立柱。第 16 分钟，诺伊尔后场开球发动进攻，托马斯·穆勒在摆脱老对手皮什切克的死缠烂打后，左路地滚球传到禁区中央，克罗斯插上包抄铲射，皮球未能正中靶心。

德国队进攻一片凌乱，米利克浪费绝佳良机

下半场，双方易边再战。波兰队险些改写场上比分，格罗西基禁区右侧将球传向禁区，米利克近距离鱼跃冲顶险些让诺伊尔缴械投降。第 59 分钟，波兰队获得禁区前沿任意球绝佳良机。莱万多夫斯基顺势一拨，又是米利克跟上左脚大力远射，皮球再次跟左门柱擦肩而过。第 65 分钟，德国队难得组织起有效进攻。克罗斯接厄齐尔传球，在禁区前偏左位置拔脚怒射，皮球呼啸飞过波兰队横梁。第 85 分钟，波兰队获得禁区外左侧任意球，莱万让出罚球权，格罗西基操刀，

皮球稍稍越过横梁。

最终，经过90分钟鏖战，双方均无力改写比分，本届欧洲杯也交出第一份白卷。

双方出场阵容

德国队

1-诺伊尔；3-赫克托，5-胡梅尔斯，17-博阿滕，4-赫韦德斯；6-赫迪拉，18-克罗斯；11-德拉克斯勒（72分钟，23-戈麦斯），8-厄齐尔，13-托马斯·穆勒；19-格策（66分钟，9-许尔勒）

波兰队

22-法比安斯基；3-耶德泽齐克，2-帕兹丹，15-格利克，20-皮什切克；11-格罗西基（87分钟，17-佩斯科），5-马辛斯基（76分钟，6-约德沃维茨），10-科雷霍维亚克，16-库巴（80分钟，21-卡普茨卡）；7-米利克，9-莱万多夫斯基

全场最佳：克罗斯（德国）

德国 vs 波兰　比赛集锦

赛场 意大利 1-0 瑞典

赛前硝烟

在孔蒂上任后，意大利队的成绩十分出色，11场正式比赛的不败金身无人可破，近5场正式比赛全胜，近3场各项赛事保持零封。而蓝衣军团上次连续4场不失球还要追溯到2006年世界杯夺冠之前。此役，孔蒂对后防线进行微调，罗马大将弗洛伦齐顶替达米安，迎来首发，而上轮受到脚伤困扰且手指骨折的南安普敦前锋佩莱，满血归来继续比赛。

比赛回顾

北京时间6月17日21时，欧洲杯小组赛E组意大利队迎战瑞典队的比赛在图卢兹市政球场拉开帷幕。帕罗洛头球击中横梁，效力于国米的埃德尔完成绝杀。最终，意大利队有惊无险地以1-0战胜瑞典队，率先小组出线！

意大利队防守固若金汤，瑞典队“奉先”孤立无援

比赛开始后，双方在中场的争夺异常激烈。第18分钟，瑞典左后卫奥尔松左路起球传中，皮球变成吊门，呼啸着擦横梁飞出底线。第28分钟，瑞典队获得前场右路任意球机会，在前场孤立无援的“瑞典神塔”伊布终于迎来头球攻门的机会，但是他不但顶偏，而且还被边裁判罚越位在先。第40分钟，伊布中场

送出长传打到禁区前，塞巴斯蒂安·拉尔森胸部搭好炮架，前锋古伊德蒂跟进禁区外一脚凌空抽射，放了一脚高射炮。

帕罗洛头球击中横梁，埃德尔补时上演绝杀

下半场双方易边再战。第49分钟，帕罗洛中场送出精妙直传，国米前锋埃德尔右路得球为中锋佩莱做嫁衣，后者停下皮球一脚凌空抽射，可惜皮球高出门框。第72分钟，左后卫奥尔松左路起球到门前，效力于英超桑德兰队的拉尔森门前包抄差之毫厘，而埋伏在后点的伊布，射门不但放了空炮，而且被边裁再次示意越位在先。第88分钟，意大利队上演绝杀！基耶利尼左路界外球掷向俱乐部队友扎扎，后者将球点给埃德尔，国米前锋斜刺里杀入禁区，上演千里走单骑，闪开众将后劲射打入球门左下角。1-0！此后，瑞典队再无力改写比分，最终，双方激战90分钟，意大利队1-0击败瑞典队！

双方出场阵容

意大利队

1- 布冯；3- 基耶利尼，19- 博努奇、15- 巴尔扎利、8- 弗洛伦齐（85 分钟，14- 斯图拉罗）、23- 贾凯里尼、16- 德罗西（74 分钟，10- 莫塔）、18- 帕罗洛、6- 坎德雷瓦、17- 埃德尔、9- 佩莱（60 分钟，7- 扎扎）

瑞典队

1- 伊萨克松；5- 奥尔松，4- 格兰奎斯特，3- 约翰松，14- 林德罗夫；6- 福斯贝里（79 分钟，21- 杜尔马兹），9- 谢尔斯特伦，8- 埃克达尔（79 分钟，18- 莱维茨基），7- 拉尔森；20- 古伊德蒂（85 分钟，11- 贝里），10- 伊布拉希莫维奇

全场最佳：埃德尔（意大利）

意大利 vs 瑞典 比赛集锦

每日一星

埃德尔

意大利队对瑞典队的比赛进行到第 87 分钟，一个小个子从斜刺里杀出，他横向扯动突破瑞典队七人铁桶阵，将球送入球门左下死角！这一刻，球迷们仿佛恍如隔世：这一球，与忧郁王子巴乔在 1994 年世界杯半决赛打进保加利亚队的第一球如出一辙；这一刻，罗伯特·巴乔身披 17 号球衣再次回到意大利阵中！

每届大赛都是球员破茧成蝶的舞台，本场比赛表现出色的埃德尔就是其中之一。今年 30 岁的埃德尔出生在巴西。18 岁时，他远渡重洋来到意大利开始自己的足球生涯。2005 年，19 岁的埃德尔在恩波利完成了自己意甲的处子秀。随后的十多年时间，埃德尔一直在“意甲升降机”的几支球队间游走，恩波利、弗洛西诺内、切塞纳等队都留下过他的足迹。而之后，埃德尔来到桑普多利亚队才真正地稳定下来。

在效力桑普多利亚期间，技术细腻、速度奇快的埃德尔多次表演“千里走单骑式”的进球，因此获得了“意乙卡卡”的赞誉。随着帮助桑普多利亚重回意甲，埃德尔也受到了各路豪门的垂青。131场打进45球，这也是埃德尔在桑普多利亚效力时交出的成绩单。而正是这份耀眼的成绩单，使得他顺利转会豪门——国际米兰！

上赛季意甲前半程联赛，埃德尔一度领跑射手榜，国米在将瓜林卖给上海申花后，以1300万欧元、先租后买的形式将埃德尔收入帐中，曼奇尼当时的期望是意大利国脚能帮助国米冲冠。

然而，下半赛季的国米却陷入崩盘式的矛盾中：个性主帅曼奇尼和各位球星这样那样的矛盾、俱乐部上下的杂乱无章，让冬歇期加盟球队的埃德尔一下子没了状态。冬歇前他还能在桑普多利亚队轰下12球，一度领跑射手榜。而冬歇期来到国米后，14场意甲比赛他仅仅打进1球，状态全无。

但孔蒂用人不疑，还是将埃德尔带去了欧洲杯并委以重任。而埃德尔也用出色的表现，回报了主帅的信任。他在比赛行将结束之时，抓住机会，利用瑞典后卫集体“短路”之机，横蹚至禁区内，不但重现当年巴乔的威风八面，而且也帮助意大利队获得三分，顺利出线！

赛场　捷克 2-2 克罗地亚

赛前硝烟

这是两队首次在正式比赛中交锋，此前克罗地亚队两次在热身赛中对阵捷克队，取得 1 胜 1 平的成绩，保持不败。比赛阵容方面，捷克队在首轮憾负西班牙队之后，进行了两处调整，拉法塔和斯卡拉克首发出场。克罗地亚队则保持了首轮力克土耳其队相同的首发阵容，斯尔纳在回国参加父亲葬礼后及时回归球队，赛前奏国歌时，这位格子军团的老队长流下了英雄泪。

比赛回顾

北京时间 6 月 18 日 0 点，欧洲杯 D 组第二轮捷克队迎战克罗地亚队的比赛在热奥弗鲁瓦 - 基查尔球场打响。佩里西奇长途奔袭首开纪录，拉基蒂奇挑射再下一城，捷克队的斯科达随即扳回一球，此后补时阶段内西德点球扳平，捷克队顽强逼平克罗地亚队。

格子军团主控全场，佩里西奇奇袭得手

比赛一开场便进入克罗地亚人熟悉的节奏。第 7 分钟，拉基蒂奇内切，点球点附近倒三角传回队友巴德尔吉，后者打门稍稍高出横梁。第 21 分钟，尤文图斯球星曼朱基奇拉到左侧将球送到禁区内，中路插上的佩里西奇门前铲射，差之

毫厘。第36分钟，拉基蒂奇右路带球反击，禁区内门前一扣后轰门，捷克门神切赫神勇将球扑出！格子军团的狂攻在随后收到奇效。佩里西奇反击中带球杀至禁区前沿，抢在后卫关门封堵前左脚低射球门左下死角得手，1-0！

格子球迷害惨球队，捷克队顽强扳平

第51分钟，克罗地亚队反击中打出精妙配合，曼朱基奇分球至右路，斯尔纳跟上传中，林贝尔斯基机警地将球挡出。第59分钟，胡布尼克传球失误，克罗地亚队开启反击模式，巴德尔吉直塞找到拉基蒂奇，巴萨中场面对切赫冷静挑射再下一城，克罗地亚队两球领先捷克队。

第75分钟，捷克队顽强扳回一球！罗西基一记右脚外脚背将球精准地送至禁区内，斯科达抢点头球扳回一球，1-2！接着，克罗地亚球迷开始了疯狂的“坑爹”表演。他们不断地将烟花扔进场内，草皮上烟雾缭绕，比赛也一度暂停，这一举动不但给球队招致欧足联可能的追加处罚，而且也给了捷克队宝贵的喘息时间。最后时刻，得到体能补充的捷克队疯狂进攻，在伤停补时最后阶段收获成果。克罗地亚后卫维达禁区内不慎犯错，手球送点，内西德一蹴而就，2-2！

最终，凭借捷克人不懈的努力和克罗地亚球迷的“帮助”，克罗地亚队到手的三分“成功”变成一分。

双方出场阵容

捷克队

1-切赫；2-卡德扎贝克，6-西沃克，5-胡布尼克，8-林贝尔斯基；13-普拉希尔（86分钟，7-内西德）；10-罗西基，20-斯卡拉克（67分钟，18-苏拉尔），19-克雷伊奇，22-达里达；21-拉法塔（67分钟，12-斯科达）

克罗地亚队

23-苏巴西奇；11-斯尔纳，5-乔尔卢卡，21-维达，3-斯特里尼奇；10-摩德里奇（62分钟，8-科瓦契奇），19-巴德尔吉；14-布罗佐维奇，7-拉基蒂奇（97分钟，13-谢尔登费尔德），4-佩里西奇；17-曼朱基奇

全场最佳：拉基蒂奇（克罗地亚）

捷克 vs 克罗地亚 比赛集锦

赛场 西班牙 3-0 土耳其

赛前硝烟

纵观两队的交锋史，西班牙队此前 10 次对阵土耳其队取得 5 胜 4 平的战绩，唯一一场失利是在 1954 年客场负于对手。在首轮负于克罗地亚队后，土耳其队用来自中超北京国安队的前锋伊尔马兹首发上场。西班牙队则继续保持首轮一球小胜捷克队的首发阵容。

比赛回顾

北京时间 6 月 18 日 3 时，本届欧洲杯小组赛阶段的第二轮西班牙队对阵土耳其队的比赛在尼斯大球场开打。上半场比赛行将结束之际，诺里托助攻莫拉塔头球破门，为西班牙队打破场上平衡。3 分钟后，诺里托插上巧射破门。下半场开场，莫拉塔接阿尔巴助攻梅开二度，最终西班牙队 3-0 战胜土耳其队，提前一轮小组出线。

莫拉塔打破僵局，诺里托一传一射

比赛一开场，西班牙队险些为自己的注意力不集中付出代价。拉莫斯中场停球失误，效力于中超北京国安队的前锋伊尔马兹断球后蹚过〝水爷〞，拉莫斯随即将其撞倒，裁判毫不犹豫地向拉莫斯出示黄牌，以示警告。此后西班牙队牢牢

控制住场上局势。第6分钟，上场比赛表现不佳的莫拉塔，在左路远距离完成一脚极具威胁的远射，门将巴巴詹倒地将球封出底线。第11分钟，西班牙队左路连续一脚出球后，阿尔巴在左侧觅得空当，将球送入禁区内，前点的土耳其后卫巴尔塔赶在莫拉塔触球前将球解围，球打在近门柱上飞出底线，险些造成乌龙。第24分钟，效力于勒沃库森的恰尔汗奥卢在禁区前沿晃开防守后起左脚远射，球放了高射炮。

第34分钟，西班牙队的狂攻终于打破场上僵局。诺里托左路将球传到禁区，莫拉塔抢前点，高高跳起头球攻门首开纪录。西班牙队1-0领先土耳其队！第37分钟，西班牙队再次扩大比分。在经过一系列前场连续传递后，法布雷加斯观察队友的跑位后送出过顶直传，对方后卫解围时有些犹豫，竟然把球顶向禁区内腹地，诺里托跟进巧射左下角再下一城！上半场结束，西班牙队2-0领先土耳其队！

莫拉塔完成梅开二度，土耳其球迷狂嘘图兰

下半场易边再战，土耳其主帅特里姆用沙欣换下了恰尔汗奥卢。下半场开始不到3分钟，西班牙队便打进第三球！伊涅斯塔送出一记精准的直塞球，找到了后排插上的阿尔巴，后者单刀面对对方门将，将球无私地分给莫拉塔，莫拉塔推射空门得手，完成梅开二度！但是，慢镜头显示，此球阿尔巴在插上之时有越位嫌疑。第50分钟，伊涅斯塔的长传球找到前插进入禁区的莫拉塔，后者头球顶远角，错过上演帽子戏法的机会！

土耳其队第52分钟浪费绝佳机会，奥兹亚库送出直传，伊尔马兹10码处扣过对方后卫，推射高出球门。随后，伊尔马兹传球，图兰禁区左侧的射门又被皮

克挡出近角。本场比赛，土耳其队队长图兰每次拿球均会遭到本方球迷的狂嘘，这样的球迷倒戈在大赛中并不多见。第88分钟，土耳其队错失最后的进球机会。萨汗接到队友的直塞球，单枪匹马杀入禁区，在阿斯皮利奎塔的贴身防守下射门被挡，随后再来一脚补射打偏。

全场比赛结束，西班牙队干净利落地以3-0击败土耳其队，提前一轮晋级淘汰赛！

双方出场阵容

西班牙队

13-德赫亚；16-胡安弗兰，3-皮克，15-拉莫斯，18-阿尔巴（81分钟，2-阿斯皮利奎塔）；5-布斯克茨；10-法布雷加斯（71分钟，8-科克），6-伊涅斯塔；21-席尔瓦（64分钟，19-布鲁诺），7-莫拉塔，22-诺里托

土耳其队

1-巴巴詹；7-格努尔，15-托帕尔，3-巴尔塔，18-埃尔金；16-图凡，8-伊南（70分钟，19-马尔勒），14-奥兹亚库（62分钟，11-萨汗）；6-恰尔汗奥卢（46分钟，5-沙欣），10-图兰；17-伊尔马兹

全场最佳：莫拉塔（西班牙）

赛场　比利时 3-0 爱尔兰

赛前硝烟

纵观两队交锋史，双方一共厮杀过 13 场，比利时队 5 胜 5 平 3 负占据上风。值得一提的是，在其中 7 场正式比赛的交锋中，比利时队 2 胜 5 平保持金身不破。爱尔兰队上次击败比利时队还是 1966 年，此后双方 6 次交手，爱尔兰队 4 平 2 负未尝胜绩。

本场比赛，比利时队对阵容做出 3 处调整，登贝莱、卡拉斯科和穆尼耶分别代替了纳因戈兰、费莱尼和希曼。而爱尔兰方面，沃德替换麦卡锡，领命镇守左路防线。

比赛回顾

北京时间 6 月 18 日 21 时，2016 年欧洲杯 E 组次轮比利时队与爱尔兰队的比赛在波尔多球场开始。德布劳内和阿扎尔先后助攻“小魔兽”卢卡库进球，随后维特塞尔锦上添花。比利时队 3-0 完胜爱尔兰队，暂居小组第二。

比利时半场狂攻无果，爱尔兰意图稳守反击

一开场，比利时队便展开积极攻势。爱尔兰队则稳固防守，力图避其锋芒。比利时队在前场觅得角球，德布劳内找到禁区内埋伏的阿尔德韦雷尔德，后者头

球攻门稍稍偏出。此后，德布劳内任意球开到中路，维特塞尔头球再次浪费良机，皮球划出弧线稍稍偏出远角。第 25 分钟，德布劳内再次组织进攻，卡拉斯科小禁区前凌空捅射被兰道大挡出后，击中横梁弹回，他近距离头球补射入网，但裁判判罚越位在先，此球无效。随后，亨德里克干扰比赛被裁判黄牌警告。上半场结束前，维尔通亨混战中小禁区前勾射，皮球滑门而出。上半场比赛，双方均无建树。

“丁丁”“扎球王”双献助攻，维特塞尔远射锦上添花

下半场，双方易边再战。第 48 分钟，比利时队终于打破僵局。德布劳内反击中右路突破后横敲中路，卢卡库禁区弧内左脚兜出弧线球破门得分，1-0！第 61 分钟，比利时人再次给爱尔兰队一记重拳！穆尼耶右路将球传到禁区，防守漏人的爱尔兰队给了维特塞尔 10 码处直接面对门将冲顶的机会，2-0！此球也是“蓬蓬头”两年来的首粒国家队进球。随后，比利时队越战越勇，而爱尔兰队则疲于招架。第 70 分钟，比利时队锁定胜局。穆尼耶反击中将球分到边路，阿扎

尔得球后一路突向禁区内横传，无人防守的卢卡库点球点处推射梅开二度，3-0！最终，比利时队三球痛击爱尔兰队，位列小组第二。

双方出场阵容

比利时队

1- 库尔图瓦；16- 穆尼耶，2- 阿尔德韦雷尔德，3- 维尔马伦，5- 维尔通亨；6- 维特塞尔，19- 登贝莱（57 分钟，4- 纳因戈兰）；11- 卡拉斯科（64 分钟，14- 默滕斯），7- 德布劳内，10- 阿扎尔；9- 卢卡库（82 分钟，20- 本特克）

爱尔兰队

23- 兰道夫；2- 科尔曼，4- 奥谢，3- 克拉克，17- 斯蒂芬 · 沃德；13- 亨德里克，8- 麦卡锡（62 分钟，11- 麦克利恩），6- 惠兰，19- 布拉迪；20- 胡拉汉（72 分钟，7- 麦吉迪）；9- 肖恩 · 朗（79 分钟，10- 罗比 · 基恩）

全场最佳：卢卡库（比利时）

比利时 VS 爱尔兰 比赛集锦

每日一星

“小魔兽”卢卡库

首轮比赛，“欧洲红魔”比利时队被老辣的意大利队打了个措手不及，0-2败下阵来。“小魔兽”卢卡库不但全场比赛0次射正，更是浪费了绝佳的单刀球机会。赛后，他也遭到了媒体和球迷们一致的口诛笔伐。而更有好事的球迷揶揄道：他比真正的魔兽德罗巴多一个“小”字！

好在主帅威尔莫茨本场比赛选择继续信任卢卡库，继续安排他首发登场。卢卡库也用梅开二度的表现为球队夺回了出线的主动权，回报了主教练对他的信任。

年少成名的卢卡库自出道之时就被冠以“小魔兽”的威名，年纪轻轻就被切尔西高价买入作为德罗巴的继承人培养，但他并未在切尔西实现预期的发展。后来的几年中，卢卡库辗转于英超多支球队中，经常在比赛中有不俗的表现。之后，他在埃弗顿队站稳脚跟。时至今日，卢卡库已经成为欧洲年轻前锋中的佼佼者，也是今年夏天转会市场上的红人。

小组赛对阵爱尔兰队，比利时队想要小组出线，此战绝不容有失。最终“欧洲红魔”下半场连入三球大胜对手，锋霸卢卡库也创造了多项纪录：他在22分钟的时间内梅开二度，成为比利时历史上第一位在欧洲杯梅开二度的球员。与此同时，卢卡库也成为第六位在世界杯和欧洲杯都有进球的比利时球员！

罗西基

当比赛进行到第76分钟，当足坛“莫扎特”罗西基外脚背助攻的动作做出的那一刹那，天空犹如划过一道彩虹，当斯科达的头球砸入网窝的那一瞬间，球迷们看到的仿佛是那些年的多特蒙德和阿森纳的“罗小将”。但是，让很多人意想不到的是，他最标志性的这一脚外脚背，也成了大师职业生涯最后的绝唱！

在来到法国之前，罗西基曾经说过：“我踢球是因为有乐趣，如果明年，足球对我来说不再有乐趣了，那我就会退役。”在帮助球队2-2战平克罗地亚队之后，捷克中场大师托马斯·罗西基确认自己因伤将告别本次欧洲杯剩余的比赛。也许再给大师一次选择的机会，他一定不会选择用这样突如其来的官方宣言，作为最后的告别方式。

伤病，仿佛一个幽灵，一直在职业生涯里伴随着这位捷克足坛50年才会出现一次的天才。上赛季在俱乐部，他为阿森纳一共出场了20分钟，其余都在与病榻为伍。但在本届欧洲杯上，满血复活的他，两场比赛均首发出场，第一场出战88分钟，第二场更是打满全场，这样的精神值得所有人尊敬！

在上一场对阵西班牙队的比赛中，首发登场的罗西基在开场哨吹响的那一刻成为捷克队在欧洲杯中年纪最大的首发球员。此外，捷克队参加欧洲杯最年轻球员的纪录同样由罗西基在2000年欧洲杯时的出场保持着。

从2000年到2016年，16载国家队生涯里，五届欧洲杯，罗西基也只因伤错过了 2008 年的大赛。2012 年，他带伤比赛，打光了自己的最后一颗子弹。而现在，已经 35 岁的他，还是要和大赛、和捷克队说再见了。“落花有意，流水无情”，从此足坛再无人奏响那狂野的进攻奏鸣曲！

赛后焦点

莫拉塔：破茧成蝶 潜力无限

对于效力于欧洲豪门的优秀射手们来说，本届欧洲杯开始阶段到现在，集体表现不佳已经成为一个普遍现象。穆勒、莱万多夫斯基、伊布、C 罗、凯恩这些在各自联赛进球如麻的得分手，都没能在欧洲杯上大杀四方。

欧洲杯首战捷克队，西班牙队锋线集体哑火，莫拉塔更是在赛后受到了众多媒体的口诛笔伐。好在尤文锋霸没有受到负面消息的影响，小组赛第二场比赛面对土耳其队，莫拉塔头顶脚踢完成梅开二度，上半场甚至还有机会完成帽子戏法！此战过后，西班牙队也率先小组出线，获得复赛资格。

1992 年 10 月出生的莫拉塔，曾是皇马青训队根正苗红的潜力新星。对西班牙足球来说，在经历 2014 年世界杯惨败以及几位功勋老将前锋退役后，需要及时地补充新鲜血液。在迭戈 · 科斯塔无法融入体系被抛弃后，今天 23 岁且在尤文图斯成为绝对锋霸的莫拉塔自然成了西班牙队的锋线首选！在遭遇首场比赛捷克队的铁桶阵之后，莫拉塔在第二场比赛迎来大爆发，也回报了老帅博斯克的信任！

此战过后，多项纪录由莫拉塔创造。他成为西班牙大赛历史上，首位进球的 90 后球员。他也是尤文图斯球员中，继普拉蒂尼 1984 年欧洲杯之后，首位在欧洲杯单场打进两球的球员。

此前，曾有媒体报道，今年夏天，皇马打算以3000万欧元回购莫拉塔，但并不打算重用他，而是先回购，再转手卖给其他俱乐部，从中赚取不菲差额。面对今天莫拉塔这样的强势表现，皇马主席“老佛爷”弗洛伦迪诺是不是会回心转意，将这位破茧成蝶的明日巨星留在阵中呢？

赛场 冰岛 1-1 匈牙利

赛前硝烟

匈牙利队首轮 2-0 击败奥地利队，此役如果再拿三分，即可确定提前出线。球队上次大赛连胜还要追溯到 1966 年英格兰世界杯，当时球队连续两个 3-1 分别击败了不可一世的巴西队、东欧劲旅保加利亚队。此前，匈牙利队单届欧洲杯赢球从未超过一场。此役，施托克更换三名首发。右后卫方面，尤哈斯顶替首轮脚踝受伤的菲奥拉出场。上轮替补破门的施蒂贝尔取代内梅特赢得首发，前锋绍洛伊被普里什金代替。

冰岛方面，主帅依然沿用首轮战平葡萄牙队的首发阵容。此前，两队一共交锋 10 次，全部分出胜负，匈牙利队 7 胜 3 负占据上风。双方正式比赛交锋则平分秋色，各胜 3 场。匈牙利队对冰岛队已经取得五连胜，最近 3 场场均至少打进 3 球。2011 年 8 月，匈牙利队在首都布达佩斯 4-0 大胜对手，这也是两队近 10 年来唯一一次直接交锋。

比赛回顾

北京时间 6 与 19 日 0 时，欧洲杯 F 组第二轮匈牙利队对阵冰岛队的比赛在马赛打响。上半时，匈牙利队 40 岁的“秋裤门将”基拉利出现致命失误，吉尔维·西古德森操刀点球命中。终场前，匈牙利队打出精妙配合，造成冰岛队塞瓦松自摆乌龙。最终，两队 1-1 握手言和。

“秋裤门将”老眼昏花，冰岛“大狙”点射破门

赛前，双方球迷爆发冲突，警方动用了警棍和特殊手段才平息暴乱。而开场后，球场内也增加了大量保安以便维持两队球迷秩序。冰岛队沿用上一场比赛的

稳守反击战术，先稳固防守再伺机反击。这一战术迅速奏效，开场冰岛队便利用角球机会，差点儿叩开对方城门，奥尔纳松头球一甩，伯兹瓦尔松在门前接力头球，险些破门。第14分钟，匈牙利队普里什金接姑扎克任意球甩头攻门，皮球稍稍高出横梁。第31分钟，稳守反击的冰岛队险些破门。比基尔·比亚尔纳松分球至禁区右侧，格维兹门松扛开对方后卫杀入禁区左脚推射，被老门将基拉利神勇封出！

第38分钟，老门将基拉利犯下致命失误。冰岛队开出角球并没有太大威胁，但是却造成他扑球脱手，基拉利再想弥补错误时，却将对方跟上的拉格纳·西古德森绊倒，裁判给与攻方有利原则。随后贡纳松拿球突破时被卡达尔拦截后再次摔倒，主裁判果断对匈牙利队处以“极刑”。“冰岛大狙”吉尔维·西古德森冷静操刀施射左下角，1-0！此球也是匈牙利队在欧洲杯历史上首次被攻入点球。

匈牙利替补奇兵双闪耀，冰岛终场前上演惊魂一刻

下半时易边再战。冰岛队继续用任意球制造威胁，西博尔松头球摆渡，伯兹瓦尔松接队友开出任意球，门前倒勾稍稍高出。此后，冰岛传奇古德约翰森登场！匈牙利队则换上了上场比赛首开纪录的前锋绍洛伊。第88分钟，匈牙利队在进攻中取得收获！纳吉右肋传至禁区，尼科利奇禁区右侧刁钻的线路低传至禁区腹

地，冰岛后卫塞瓦松不慎自摆乌龙！

随后，在比赛行将结束之际，冰岛队获得禁区前沿位置极佳的任意球，“冰岛大狙”拉开架势打出一脚低平球，被人墙挡出，紧接着老将古德约翰森一脚补射差点儿上演绝杀，皮球打在冰岛后卫身上弹出底线！随后裁判即宣布比赛结束，1-1，双方各取一分！

双方出场阵容

冰岛队

1- 哈尔多松；2- 塞瓦松，6- 拉格纳·西古德森，14- 奥尔纳松，23- 斯库拉松；7- 格维兹门松，17- 贡纳松（66 分钟，20- 哈尔弗雷兹松），10- 吉尔维·西古德森，8- 比基尔·比亚尔纳松；9- 西博尔松（84 分钟，22- 古德约翰森），15- 伯兹瓦尔松（69 分钟，11- 芬博阿松）

匈牙利队

1- 基拉利；2- 隆格，20- 古兹米奇，23- 尤哈斯（85 分钟，9- 绍洛伊），4- 卡达尔；15- 克莱因海斯勒，10- 格拉，8- 纳吉；18- 施蒂贝尔（67 分钟，17- 尼科利奇），19- 普里什金（67 分钟，13- 伯德），7- 茹扎克

全场最佳：茹扎克（匈牙利）

冰岛 vs 匈牙利 比赛集锦

赛场　葡萄牙 0-0 奥地利

赛前硝烟

纵观之前葡萄牙队的大赛成绩，可谓乏善可陈。“欧洲巴西队”近 5 场大赛 3 平 1 负，仅仅取得一场胜利。此役，主帅费尔南多·桑托斯做出两处人员调整，威廉·卡瓦略顶替背部受伤的达尼洛，伤愈复出的老将夸雷斯马取代若昂·马里奥。本场比赛是 C 罗第 128 次代表国家队出场，超过传奇球星路易斯·菲戈的 127 场，创造了葡萄牙队新的出场纪录。

奥地利方面，中卫德拉戈维奇红牌停赛，普勒德尔替补出场。前腰尤努佐维奇因脚踝伤势无法出战，伊尔桑克填补空缺，阿拉巴位置前移负责进攻组织。前锋扎比策顶替扬科。

此前，葡萄牙队与奥地利队的最近一场交锋是在 1995 年 10 月——1996 年欧洲杯预选赛。当时双方战成 1-1 平。6 次正式比赛交锋，两队各胜 2 场，这是他们首次大赛遭遇。

比赛回顾

北京时间 6 月 19 日 3 时，欧洲杯 F 组第二轮第二场比赛在巴黎王子公园球场进行，葡萄牙队 0-0 被奥地利队逼平，连续两场比赛不胜。上半场，C 罗近距离推射偏出球门，纳尼头球击中门柱。下半时，C 罗错失点球机会，此后顶进一球，但越位在先。此役他 10 次射门，无一命中。

“罗总裁”屡失良机，纳尼头球击中立柱

开场后，葡萄牙队显得有些漫不经心。佩佩回传失误首先送给奥地利人破门机会，扎比策右路传到禁区内，哈尼克门前近在咫尺的头球偏出左侧立柱。第12分钟，葡萄牙队策动进攻，纳尼左侧过人后杀入禁区，在门前9米处起脚射门被阿尔默出击左脚挡出！第22分钟，C罗错过良机！格雷罗左路与纳尼踢墙配合，纳尼直塞禁区左侧，格雷罗传中，C罗前点点球点附近推射，偏出近门柱。葡萄牙队第29分钟更加接近破门，战术角球开出后，安德烈·戈麦斯左路传中，纳尼前点距门9米处头球击中近门柱弹回！穆蒂尼奥外围补射偏出。此后纳尼右路传中，C罗在门前10米处甩头攻门被阿尔默封出，但被吹越位在先，C罗向助理裁判表示不满。

C罗浪射+浪费点球良机，葡萄牙连续两场闷平

下半时易边再战。开始仅38秒，哈尼克传球，伊尔桑克门前怒射，被帕特里西奥封出底线。此后，C罗开始了浪射的节奏：他先是在门前35米处主罚任意球打在人墙上。第55分钟，他又接佩佩传球左脚怒射，被阿尔默封出近角。此后，夸雷斯马角球“喂饼”，C罗高高跃起，在距门近在咫尺处头球攻门，但角度太正被阿尔默扑出。

第78分钟，葡萄牙队迎来天赐良机！安德烈·戈麦斯左路传中，C罗摆脱欣特雷格防守后，对方情急之下从身后将其拉倒，裁判判罚点球，并向欣特雷格亮

出黄牌。这是葡萄牙队在欧洲杯历史上的首粒点球，C罗亲自操刀，由于操之过急再加上太追求角度，皮球击中左门柱弹出！葡萄牙队浪费了全场最佳机会。第85分钟，格雷罗右侧开出任意球，C罗在越位位置上头球蹭进远角，裁判判罚进球无效。两队最终0-0打平。赛后，一名球迷冲进场内，C罗劝阻了保安人员，很有绅士风度地满足了这名球迷的自拍合影要求。

双方出场阵容

葡萄牙队

1-帕特里西奥；11-维埃里尼亚，6-里卡多·卡瓦略，3-佩佩，5-格雷罗；20-夸雷斯马（71分钟，10-若昂·马里奥），14-威廉·卡瓦略，8-穆蒂尼奥，15-安德烈·戈麦斯（83分钟，9-埃德尔）；7-C.罗纳尔多，17-纳尼（89分钟，18-拉法·席尔瓦）

奥地利队

1-阿尔默；17-克莱因，15-普勒德尔，4-欣特雷格，5-富克斯；11-哈尼克，6-伊尔桑克（86分钟，16-维默），14-鲍姆加特林格，7-阿瑙托维奇；8-阿拉巴（65分钟，18-舍普夫）；20-扎比策（85分钟，19-欣特泽尔）

全场最佳：阿尔默（奥地利）

葡萄牙 vs 奥地利 比赛集锦

致敬传奇——古德约翰森

“老兵不死，他们只会慢慢凋零。”在冰岛队阵中就有这样一位老将，仿佛一朵永不凋零的花守护着自己的球队！

在冰岛与匈牙利之战进行到下半场尾声阶段时，一位中国球迷熟悉的面孔准备替补登场，全场冰岛球迷起立鼓掌为这位老将喝彩。虽然出场时间只有短短的 10 分钟，但是他在比赛尾声的那脚射门却差点儿为冰岛队反超比分。他就是冰岛传奇球星——古德约翰森！

出生于 1978 年的古德约翰森被中国球迷亲切地称为古德，他被球迷们熟知是在效力于英超劲旅切尔西时。身高达到 1 米 9 的他，却并不以头球见长。他射术精湛，盘带出色，关键战经常不会手软！在穆里尼奥第一次来到切尔西执教后，对古德约翰森进行了改造，在 2003—2005 年的两个赛季，这位冰岛球星经常出任首发，与“野牛”埃辛组成双后腰。在切尔西获得了两次英超冠军后，古德约翰森在 2006 年夏天离开英超赛场，转战西甲，加盟了巴萨。效力巴塞罗那期间，古德约翰森主要担任中场中路的角色，在效力巴萨的三个赛季中，凭借自身广阔的视野，以及出色的传球能力和充沛的体能，他每个赛季都能得到 30 场左右的出场次数，并且跟随巴塞罗那“梦之队一期”获得了西甲、国王杯、西班牙超级杯、欧冠、欧洲超级杯等一系列桂冠！

在离开巴塞罗那后，摩纳哥、热刺、斯托克城、富勒姆以及雅典 AEK 都曾留下过古德的足迹。2015 赛季中超的夏季转会市场上，这位冰岛国脚加盟了中

超球队石家庄永昌队，但是在球队效力的半个赛季，古德约翰森的发挥却差强人意，出战14次仅贡献了1个进球和1次助攻。在赛季结束后，他以自由身离开石家庄加盟了挪超球队，继续自己的足球流浪生涯。

在冰岛队与匈牙利队的比赛中，古德虽然只有10分钟的出场时间，但是他在比赛尾声的那脚射门却差点儿帮助冰岛队拿到三分。无论如何，这位老将已经抒写了属于冰岛、属于自己的欧洲杯传奇！

赛场　罗马尼亚 0-1 阿尔巴尼亚

赛前硝烟

纵观两队交手战绩，在 15 场的直接交锋中，罗马尼亚队 13 场取得 10 胜 3 平的成绩，占据明显优势。其中 8 场正式比赛，罗马尼亚队取得 6 胜 2 平保持金身不败，罗马尼亚队前两轮仅积 1 分，背水一战的他们在本场调整五人。阿尔巴尼亚队则在前两轮连败且一球未进。

比赛回顾

北京时间 6 月 20 日 3 时，2016 年欧洲杯 A 组末轮阿尔巴尼亚队对阵罗马尼亚队的比赛在里昂体育场进行。萨迪库打入阿尔巴尼亚在欧洲杯正赛的首粒入球，阿尔巴尼亚队历史性地夺得欧洲杯首胜，积 3 分出线待定。而罗马尼亚队则仅积 1 分，遗憾出局。

萨迪库头球载入史册，阿尔巴尼亚创造历史

开场后，罗马尼亚队便开始积极进攻。阿尔巴尼亚队则试图收缩防守，伺机反击。阿尔巴尼亚门将贝里沙成为场上最忙碌的人，他高接低挡化解了罗马尼亚人 5 次有威胁的射门。在顶住对方开场的攻势后，阿尔巴尼亚队逐渐找到比赛感觉。第 24 分钟，阿尔巴尼亚队形成反击，萨迪库分球到右路，希萨伊禁区右侧

边缘斜传，但越位位置的兰杰尼小禁区边缘抢点将皮球射高。第 43 分钟，阿尔巴尼亚队创造历史，梅穆沙伊右路将球传到禁区，罗马尼亚队门将塔塔鲁萨努出击失误，萨迪库小禁区左侧头球攻门，1-0！此球是阿尔巴尼亚队在欧洲杯正赛的历史性首球！

“黄玫瑰”遗憾中柱，阿尔巴尼亚全取三分

下半场，双方易边再战。阿尔巴尼亚队开场险些再下一城，马夫拉伊角球混战中头球攻门险些破门。随后，罗马尼亚队进攻乏善可陈，主教练开始调兵遣将，试图扭转这种局面。第 76 分钟，罗马尼亚队迎来全场最好机会，斯坦丘策动攻势，安多内禁区右侧 12 码处爆射，皮球打中横梁弹回场内。随后，罗马尼亚队放手一搏，逐渐加快进攻节奏，但斯坦丘两脚打门都难以威胁贝里沙。此后双方均无力改写比分，1-0，阿尔巴尼亚队夺得欧洲杯正赛首胜。

双方出场阵容

罗马尼亚队

12- 塔塔鲁萨努; 22- 萨普纳鲁, 6- 基里凯什, 21- 格里格雷, 2- 马特尔; 5- 霍班, 18- 普雷佩利塔（46 分钟, 17- 桑马蒂恩）; 20- 波帕（68 分钟, 14- 安多内）, 10- 斯坦丘, 19- 斯坦库; 9- 阿里贝克（57 分钟, 11- 托尔热）

阿尔巴尼亚队

1- 贝里沙; 4- 希萨伊, 18- 阿耶蒂, 15- 马夫拉伊, 7- 阿戈利; 2- 利拉, 22- 阿布拉希, 8- 巴沙（83 分钟, 5- 卡纳）, 9- 梅穆沙伊, 3- 兰杰尼（77 分钟, 21- 罗希）; 10- 萨迪库（59 分钟, 19- 巴拉伊）

全场最佳：梅穆沙伊（阿尔巴尼亚）

罗马尼亚 vs 阿尔巴尼亚　比赛集锦

赛场　瑞士 0-0 法国

赛前硝烟

在本届欧洲杯 24 支参赛队中，法国队 2016 年 6 战 6 胜，是唯一一支保持全胜的球队。本场比赛，法国队战平即可锁定头名出线，德尚在首发阵容方面做出五处调整，中前场只保留小将科曼。上一场比赛首发的马图伊迪、坎特、帕耶、马夏尔、吉鲁分别被博格巴、卡巴耶、西索科、格列兹曼、吉尼亚克顶替。门将雨果·洛里第 45 次担任法国队队长，追平主教练德尚保持的纪录。

瑞士队此前从未打进过欧洲杯淘汰赛。主帅佩特科维奇在前锋位置做出调整，上场比赛首发的塞费罗维奇由于浪费无数机会遭到主帅弃用，19 岁小将恩博洛首发出战。

比赛回顾

北京时间 6 月 20 日 3 时，欧洲杯 A 组第三轮东道主法国队对瑞士队的比赛在里尔率先开打。法国队当家球星博格巴上半时两度击中门柱。下半时，替补出场的帕耶也打中横梁，没能连续三场上演破门神技。最终，两队各取一分，携手出线。

博格巴两次击中门柱，瑞士队球衣上演撕扯“抢镜”

一开场，双方均以试探性进攻为主。第8分钟，“瑞士梅西”沙奇里右侧主罚角球，沙尔头球后蹭，法国当家球星博格巴险些兴奋过头，他的凌空解围差点儿自摆乌龙，而埋伏在门线前面的朱鲁遗憾地错过进球良机。此后，瑞士队球衣开始“抢镜”。穆罕默迪在奔跑中球衣被扯破，到场边更换。第13分钟，替补大吉鲁出阵、效力于墨西哥联赛的前锋吉尼亚克左侧做嫁衣，博格巴禁区弧顶大力弧线球被瑞士门将佐默一挡，皮球变成吊射落在横梁上沿弹出界外。随后，小将科曼分球，博格巴再次轰门又被佐默神勇化解。第17分钟，博格巴再次与门柱“亲密接触”，马竞神锋格列兹曼右路送出过顶球，博格巴中路突破后，爆射击中左门柱后弹出，法国队错过全场最好机会！随后，法国队攻势不减。格列兹曼左路再造杀机，阿森纳中卫科斯切尔尼杀到禁区内头球再次被佐默化解。此后，扎卡的球衣再次抢镜成功，他在与博格巴的拼抢中，球衣被扯破。某赞助商球衣的质量再次受到球迷的吐槽。

瑞士门将一战封神，帕耶错失三战破门

下半时双方交换场地后再战。一开场，吉尼亚克便制造险情，他在左路内切后劲射被佐默化解。随后，足球质量也遭遇吐槽！格列兹曼前场断球几乎形成单刀，老将贝赫拉米及时出现阻截，足球也被鞋钉戳破。换球再战后，博格巴左路策动进攻，格列兹曼与吉尼亚克完成精彩配合后，格列兹曼门前推射，皮球再次

被佐默托出横梁。第 75 分钟，西索科后场长驱直入右路将球传到中心地带，帕耶后点小角度半凌空推射，只可惜他也被博格巴的坏运气“传染”，皮球再次击中横梁。此后双方均无力改写比分，两队打平后各取一分，携手出线。

双方出场阵容

瑞士队

1- 佐默；2- 利希施泰纳，22- 沙尔，20- 朱鲁，13-R. 罗德里格斯；11- 贝赫拉米，15- 哲马伊利；23- 沙奇里（79 分钟，16- 费尔南德斯），10- 格拉尼特·扎卡，18- 穆罕默迪（86 分钟，6- 迈克尔·朗）；7- 恩博洛（74 分钟，9- 塞费罗维奇）

法国队

1- 洛里；19- 萨尼亚，4- 拉米，21- 科斯切尔尼，3- 埃弗拉；18- 西索科，6- 卡巴耶，15- 博格巴；20- 科曼（63 分钟，8- 帕耶），10- 吉尼亚克，7- 格列兹曼（79 分钟，14- 马图伊迪）

全场最佳：博格巴（法国）

瑞士 vs 法国　比赛集锦

赛场　俄罗斯 0-3 威尔士

赛前硝烟

小组赛两轮赛罢，威尔士队与斯洛伐克队同积 3 分，并因相互交锋优势位列小组第二。本场比赛，威尔士少帅科尔曼将前锋沃克斯派遣上场，顶替首轮绝杀斯洛伐克队的前锋卡努。对阵英格兰队时小腿受伤的中场乔·莱德利及时恢复，火线增援球队。

俄罗斯队方面，孔巴罗夫顶替申尼科夫出任首发左后卫。后腰则由格卢沙科夫和马马耶夫搭档。沙托夫由于腹股沟拉伤，希罗科夫候命出战并担任队长。俄罗斯队近 7 场比赛战绩糟糕，仅仅取得 1 场胜利，但是此前与威尔士队的近 3 次交手，全部获得胜利，占据一定心理优势。

比赛回顾

北京时间 6 月 21 日 3 时，欧洲杯 B 组第三轮威尔士队对阵俄罗斯队的比赛在图卢兹展开争夺。拉姆塞打破 451 天国家队零进球的纪录，贝尔主导进攻，尼尔·泰勒打进本届欧洲杯第 50 球。下半时，拉姆塞又奉献一次助攻，贝尔连续 3 轮破门，目前排名本届射手榜首位。凭借本场 3-0 完胜俄罗斯队，红龙军团得以反超老大哥英格兰队，以小组头名进军复赛阶段。

拉姆塞打破国家队入球荒，贝尔策动进攻造两球优势

比赛一开场，威尔士队便进入快节奏当中，“威尔士皮尔洛”乔·阿伦右路反击过人后分给同伴，贝尔内切禁区边缘左脚打门被阿金费耶夫封堵，紧接着沃克斯12码处补射又被阿金费耶夫封出，不过裁判已经示意攻方球员越位。第11分钟，威尔士队率先破门！红龙军团后场抢断后，乔·阿伦中圈展示哈维一般的妙传，助拉姆塞形成单刀，后者面对出击的阿金费耶夫，在门前14米处将球打进球门，1-0！第20分钟，威尔士队后场再度断球，反击中“大圣”贝尔中路吸引防守注意力后分球，尼尔·泰勒射门被神勇的阿金费耶夫扑出，接着再次补射，皮球钻入球门近角，2-0！

此后，俄罗斯队也迎来一次机会。阿金费耶夫摘下来球后大脚长传，威尔士队长阿什利·威廉姆斯解围失误，久巴在门前13米处凌空推射，球被门将亨尼西挡出！此后，贝尔开始了个人表演。他先是主罚任意球，再度考验了阿金费耶夫。此后他又在中路连过两人后，门前13米处左脚低射，皮球再次被阿金费耶夫倒地扑住。上半场，威尔士队整体状态出色，打进两球。而俄罗斯队如果没有门将阿金费耶夫的神勇发挥，恐怕已经大比分落后。

“大圣”贝尔连续三场进球，红龙军团小组突围

下半时双方易边再战，俄罗斯队上演兄弟换人：头部受伤的瓦西里·别列祖茨基被孪生兄弟阿列克赛·别列祖茨基替换下场。第57分钟，“大圣”贝尔终于有所收获。冈特右路传中，拉姆塞中路分给左路的贝尔，后者反越位成功，左脚外脚背将球打进远角，3-0！贝尔成为2004年利物浦队捷克籍前锋巴罗什之后，

欧洲杯首位连续三场都有进球的球员。而拉姆塞则成为本届杯赛上第五位单场进球并助攻的球员。

此后，三球落后的俄罗斯队开始调兵遣将。大比分领先的威尔士队则渐渐放缓了比赛节奏。最终，90 分钟战罢，威尔士队 3-0 击败俄罗斯队，以 B 组头名的身份打进复赛。

双方出场阵容

俄罗斯队

1- 阿金费耶夫；3- 斯莫尔尼科夫，4- 伊格纳舍维奇，14- 瓦西里 · 别列祖茨基（46 分钟，6- 阿列克赛 · 别列祖茨基），23- 孔巴罗夫；8- 格卢沙科夫，11- 马马耶夫；10- 斯莫洛夫（70 分钟，19- 萨梅多夫），15- 希罗科夫（52 分钟，13- 戈洛温），9- 科科林；22- 久巴

威尔士队

1- 亨尼西；2- 冈特，5- 切斯特，6- 阿什利 · 威廉姆斯，4- 本 · 戴维斯，3- 尼尔 · 泰勒；10- 拉姆塞，16- 乔 · 莱德利（76 分钟，8- 安迪 · 金），7- 乔 · 阿伦（74 分钟，14- 爱德华兹）；18- 沃克斯，11- 贝尔（83 分钟，23- 丘奇）

全场最佳：贝尔（威尔士）

俄罗斯 vs 威尔士 比赛集锦

赛场　斯洛伐克 0-0 英格兰

赛前硝烟

在双方此前的三次交锋中，英格兰队取得全胜。上轮比赛，英格兰队在最后时刻绝杀威尔士队，奉献神奇表现的瓦尔迪和斯图里奇众望所归，进入本场首发。克莱因、伯特兰德、亨德森和威尔谢尔四人分别替换沃克、罗斯、阿里和鲁尼首发出场，卡希尔担纲场上队长。斯洛伐克队方面则沿用了上轮战胜俄罗斯队的首发阵容。

比赛回顾

北京时间 6 月 21 日 3 时，2016 年欧洲杯 B 组末轮英格兰队与斯洛伐克队的比赛在热奥弗鲁瓦 - 基查尔球场拉开帷幕。三狮军团全场围攻对手，瓦尔迪错失绝佳单刀。最终英格兰队 0-0 战平斯洛伐克队，以小组第二的身份晋级复赛；斯洛伐克队积 4 分，获得小组第三。

英格兰围攻斯洛伐克，瓦尔迪浪费绝佳单刀

比赛一开场，英格兰队便占据主动。利物浦右后卫克莱因右路传至禁区找到瓦尔迪，后者禁区内前点大腿一蹭，皮球高出横梁。第 9 分钟，瓦尔迪头球做球，“充电已满”的斯图里奇迎球扫射，球被佩卡里克挡出。此后瓦尔迪再次为队友

做嫁衣，穿上 8 号球衣的拉拉纳，犹如 2006 年世界杯兰帕德浪射附体，禁区弧内左脚低射大大偏离目标。第 17 分钟，英格兰队错失绝佳机会！亨德森奉献妙传，瓦尔迪摆脱斯科特尔后突入禁区，近在咫尺的单刀射门，被科扎契克出击神勇化解！此后，瓦尔迪头球攻门偏出，亨德森再次凌空抽射也被斯洛伐克队的“血肉长城”封堵。上半场比赛结束，双方暂时互交白卷。

三狮军团众前锋哑火，斯洛伐克收获小组第三

下半场，双方易边再战。鲁尼和阿里先后换下碌碌无为的威尔谢尔和拉拉纳。第 61 分钟，英格兰队再次觅得良机，利物浦球员和热刺帮完成连线：斯图里奇直传，亨德森禁区右侧传至禁区，小将阿里远点射门，被另一位利物浦球员斯科特尔在门线前解围。斯洛伐克全队在最后 15 分钟时间内全部回撤防守。随后，鲁尼禁区前扣过防守后左脚劲射偏出球门。哈里 · 凯恩近距离混战中头球攻门也宣告偏离球门。最终双方 0-0 握手言和。

双方出场阵容

斯洛伐克队

23- 科扎契克；2- 佩卡里克，3- 斯科特尔，4- 杜里察，15- 胡博灿；20- 马克，19- 库茨卡，22- 佩乔夫斯基（67 分钟，5- 戈约姆贝），17- 哈姆西克，7- 魏斯（78 分钟，14- 什克里尼亚尔）；8- 杜达（57 分钟，18- 斯文托）

英格兰队

1- 乔 · 哈特；12- 克莱因，5- 卡希尔，6- 斯莫林，21- 伯特兰德；14- 亨德森，17- 戴尔，18- 威尔谢尔（56 分钟，10- 鲁尼）；8- 拉拉纳（60 分钟，20- 阿里），11- 瓦尔迪，15- 斯图里奇（76 分钟，9- 哈里 · 凯恩）

全场最佳：斯科特尔（斯洛伐克）

斯洛伐克 vs 英格兰 比赛集锦

每日一星

拉姆塞

B组最后一轮小组赛，威尔士队3-0大胜俄罗斯队，力压老大哥英格兰队获得B组头名，晋级复赛。赛后，所有的赞誉都投给了连续三场小组赛斩获进球的“大圣”贝尔。而红龙军团创造历史，还要归功于另一位球星——拉姆塞！

在过去的一个赛季中，拉姆塞没能复制前几个赛季的神奇，一个赛季下来只有5个进球和4次助攻。然而回到国家队，拉姆塞仿佛红龙附体，三场小组赛中均有不错的发挥。此役对阵俄罗斯队，拉姆塞一传一射外加一次策动进攻，成为威尔士队夺得小组头名的头号功臣。

放眼历史，1958年的瑞典世界杯是威尔士队参加的唯一一次大赛。而如今，昂首挺进16强的威尔士队也成了各支强队谁都不愿面对的对手。除了贝尔这位“镇店之宝”外，拉姆塞这样能攻善守的悍将也是球队不可或缺的人物。

这场威尔士队与俄罗斯队的比赛，简直就是拉姆塞个人的汇报表演。他先是在比赛中与乔·阿伦取得连线，在突入禁区后，点球点附近在与门将一对一的交锋中挑射破门。此后，他又策动攻势，帮助泰勒形成单刀破门。最后时刻，他又在终场结束前助攻贝尔一锤定音，可谓居功至伟。

放眼淘汰赛，由于威尔士队以小组第一的身份晋级，他们将进入相对轻松的上半区，这也大大增加了他们再创佳绩的可能性。而面对拉姆塞这样的表现，我们也完全有理由相信，红龙军团可以创造更大的奇迹！

赛后焦点

这样的英格兰，我们看不懂

比赛结束，英格兰队 0-0 被斯洛伐克队逼平，只能以小组第二的身份进入“死亡半区”。这样一场让人看不懂的比赛结束后，正像英媒揶揄的那样：“英格兰怪不了任何人，怪不了运气，一切都是咎由自取！”

在这样一场至关重要、关系淘汰赛前景的生死大战中，英格兰主帅霍奇森竟然在六个位置上进行了轮换。如果说将上一场状态神勇的斯图里奇和瓦尔迪出现在首发中还算合情合理的话，那么在后防线的左右两边、中场中路做出颠覆式的换人调整就让人匪夷所思了，尤其是一些此前根本没有出场过的球员的出场，彻底打破了球队前两场比赛刚刚磨合出的一点儿默契，这无异于自废武功。英国权威媒体的话一针见血地指出问题所在：“霍奇森好像是为了轮换而轮换，他仿佛还在踢友谊赛。”

事实上，在本场比赛前，英格兰队并没有锁定本组出线名额，如果他们输

掉本场比赛的话，甚至还有被淘汰出局的危险，可老帅霍奇森就是这样“老来俏”地玩了一把。

本场比赛，场面上，英格兰队的确是在围攻对手，但是真正的威胁攻门屈指可数。下半场，霍奇森接连换上了原来的首发鲁尼、阿里与凯恩，也宣告了自己赌博式战术的失败。而“手脚冰凉”的鲁尼们也没能够改变场上局势，最终英格兰队无奈对方的铁桶阵，只能拿到一场尴尬的平局。

在本届欧洲杯上，霍奇森的调整能力一直被所有球迷和媒体所诟病。首场面对俄罗斯队，英格兰队在取得领先后，一心只想死守，结果被俄罗斯队补时绝杀逼平。第二场，霍奇森依然固执地沿用上场表现不佳的球员，导致上半场球队毫无章法地陷入被动。而第三场比赛，霍奇森更加肆无忌惮，直接更换了六名首发，差点儿玩死了自己。

在错失小组第一之后，英格兰队的形势变得非常严峻，他们需要远离大本营，飞到尼斯去踢1/8决赛，对手很有可能是C罗所在的葡萄牙队。即便闯入了八强，他们也极有可能将旅途劳顿地北上巴黎挑战东道主。明明可以轻松晋级的英格兰队极有可能这样自取灭亡。这样的英格兰队，实在让我们看不懂！

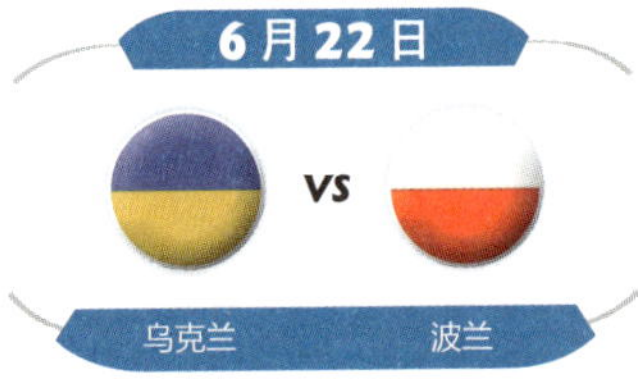

赛场　乌克兰 0-1 波兰

赛前硝烟

在历史上，双方共交手 4 次，波兰队取得 3 胜 1 平保持不败金身。目前，乌克兰队两战皆负，出线已经无望。主帅福缅科也宣布在赛后辞职。此战，乌克兰队轮换五人。布特科、库切尔和队长罗坦均是首次在本届杯赛中登场亮相。波兰队依旧由莱万多夫斯基、米利克、库巴领衔，末战轮换四人首发，将力争小组第一。

比赛回顾

北京时间 6 月 22 日 0 点，2016 年欧洲杯 C 组末轮波兰队与乌克兰队的比赛在韦洛德罗姆球场拉开帷幕。波兰队替补出场的库巴打入全场唯一入球。波兰队获得小组第二，进入复赛。乌克兰队三战皆输，一球未进，尴尬出局。

莱万多夫斯基浪费单刀，亚莫连科“投桃报李”

波兰队开场后攻势积极，上场比赛频频浪费机会的米利克带球切入禁区左侧后射门被皮亚托夫没收。第 4 分钟，波兰队错过绝佳机会，米利克将球传至禁区，头号球星莱万多夫斯基 10 码处的单刀推射偏离目标。第 17 分钟，乌克兰队获得破门良机，队长罗坦送出妙传，亚莫连科突入禁区右肋点球点处的单刀同样被浪

费！此后，米利克开出任意球，格里克头球顶偏，莱万多夫斯基禁区内混战中射门也再度脱靶。

波兰替补打破僵局，乌克兰三战皆墨回家

下半场易边再战。科诺普扬卡传中，津琴科头球攻门未能命中。第 54 分钟，波兰队率先打破僵局。米利克战术角球直传，半场替补出场的库巴拉球晃过一名防守队员后，点球点处左脚抽射左上角中鹄！此前，库巴进球的比赛中，波兰队没有输过球。两分钟后，波兰队险些再次扩大比分，莱万多夫斯基传球，卡普茨卡突入禁区左侧没有交给莱万，而是自己选择打门射偏。此后，落后的乌克兰队开始反攻，但射门尽皆偏出，乌克兰老将罗坦的远射也被法比安斯基化解。

最后，凭借替补出场的库巴的进球，波兰队 1-0 击败乌克兰队，小组赛一球未失，晋级淘汰赛！

双方出场阵容

乌克兰队

12-皮亚托夫；17-费代茨基，3-卡切里迪，5-库切尔，2-布特科；6-斯捷潘年科，14-罗坦；7-亚莫连科，21-津琴科（73分钟，9-科瓦连科），10-科诺普扬卡；8-佐祖利亚（92分钟，4-季莫什丘克）

波兰队

22-法比安斯基；4-希奥内克，15-格利克，2-帕兹丹，3-耶德泽齐克；6-约德沃维茨，10-科雷霍维亚克；19-杰林斯基（46分钟，16-库巴），7-米利克（93分钟，23-斯塔尔津斯基），21-卡普茨卡（71分钟，11-格罗西基）；9-莱万多夫斯基

全场最佳：米利克（波兰）

乌克兰vs波兰 比赛集锦

赛场　北爱尔兰 0-1 德国

赛前硝烟

北爱尔兰队近来状态正佳。他们在最近的 14 场比赛中 7 胜 6 平 1 负，自 2014 年 11 月以来，总共 15 场比赛，单场失球从未超过 1 个。此役他们不败即可确保晋级，输球则需等待其他小组战局决定是否出线。此役，主帅奥尼尔沿用上轮击败乌克兰队的首发阵容。

自 2004 年欧洲杯以来，德国队在大赛的小组赛中均能确保晋级，而且至少能够打进四强。近 15 场大赛德国队 12 胜 2 平 1 负，唯一的败绩是 2012 年欧洲杯半决赛 1-2 输给意大利队。此役，主帅勒夫对首发做出两处调整，戈麦斯出任正印中锋，格策取代德拉克斯勒，埋伏在前者身后。拜仁小将基米希顶替赫韦德斯出任首发右后卫。

比赛回顾

北京时间 6 月 22 日 0 时，欧洲杯 C 组第三轮德国队对阵北爱尔兰队的比赛在巴黎王子公园球场展开。此役，穆勒表现稍有回暖，他两次打中门柱，并助攻前俱乐部队友戈麦斯破门。德国队 1-0 小胜北爱尔兰队。

穆勒欧洲杯依然难产，戈麦斯打进救赎进球

开场后，北爱尔兰队出乎意料地与德国队展开对攻，场面一度不落下风。但老辣的日耳曼战车岂是池中物？他们很快完全掌握场上局势。第7分钟，德国队获得破门机会，小将基米希右路助攻向前低传，厄齐尔接力传球，"二娃"穆勒在门前的近距离单刀球被麦戈文封出。第23分钟，右路异常活跃的基米希再次策动进攻，戈麦斯胸部架炮，穆勒禁区右侧打门稍稍偏出！第27分钟，"二娃"再度浪费机会，基米希右路传中，穆勒前点冲顶，皮球击中门柱弹出底线！

第30分钟，德国队取得领先。厄齐尔右肋突破策动进攻连线戈麦斯，后者传给禁区内的穆勒，穆勒带球遇到门将麦戈文和后卫拦截后回传，戈麦斯在门前9米处左脚推射碰后卫身体变线一击致命，1-0！此后，厄齐尔再次"喂饼"，无人盯防的戈麦斯在门前10米处推射，被状态神勇的麦戈文扑出！

穆勒戈麦斯频繁浪费机会，日耳曼战车小组第一晋级

下半场易边再战，基米希右路传过顶，格策停球摆脱防守队员打门，直接被麦戈文没收。随后厄齐尔左侧传中，格策前点铲射偏离目标。此后，德国队做出换人调整，许尔勒换下表现平平的格策，老将施魏因斯泰格也被调整上场，小猪以15场欧洲杯的参赛次数打破此前由拉姆保持的德国球员欧洲杯出场纪录。第82分钟，德国队险些扩大比分。又是小将基米希右路内切后传球，戈麦斯后点

头槌轰门被麦戈文单手封出！此后，戈麦斯禁区边缘转身左脚低射，球又被麦戈文得到。德国队最终1-0小胜北爱尔兰队，以小组第一挺进淘汰赛！

双方出场阵容

北爱尔兰队

1-麦戈文；18-阿龙·休斯，20-卡斯卡特，4-麦考利，5-琼尼·埃文斯；19-杰米·沃德（70分钟，21-马根尼斯），13-科里·埃文斯（84分钟，7-麦吉恩），8-史蒂文·戴维斯，16-诺伍德，14-达拉斯；11-华盛顿（59分钟，10-拉弗蒂）

德国队

1-诺伊尔；21-基米希，17-博阿滕（76分钟，4-赫韦德斯），5-胡梅尔斯，3-赫克托；6-赫迪拉（69分钟，7-施魏因斯泰格），18-克罗斯；13-穆勒，8-厄齐尔，19-格策（55分钟，9-许尔勒）；23-戈麦斯

全场最佳：厄齐尔（德国）

北爱尔兰 vs 德国 比赛集锦

赛场 捷克 0-2 土耳其

赛前硝烟

赛前，捷克方面，“足坛莫扎特”、捷克队队长罗西基大腿受伤，提前告别欧洲杯，帕维尔卡顶替出场。多奇卡尔脚踝伤愈出战，对克罗地亚队打进点球的内西德本场首发出战。土耳其方面，特里姆更换3名首发，锋线小将“土耳其梅西”莫尔首次先发，状态糟糕的恰尔汉奥卢失去首发机会。克伊巴舍顶替埃尔金打左后卫，沃尔坎·森顶替奥兹亚库出场。此前，土耳其队与捷克队9次交锋，3胜1平5负。

比赛回顾

北京时间6月22日3时，欧洲杯D组第三轮土耳队对阵捷克队的比赛在朗斯打响。上半时，效力于北京国安的前锋伊尔马兹打进本届杯赛土耳其首球，捷克中卫西沃克头球击中门柱。下半时，土耳其队由图凡锁定胜局。

莫尔助攻破纪录，国安前锋破球荒

比赛一开始，捷克队率先发难。内西德回传，达里达禁区右路左脚小角度打中边网。第10分钟，土耳其队取得领先！莫尔右路突进传中，伊尔马兹前点距门7米处推进右上角，1-0！ 18岁11个月的莫尔成为继希福和鲁尼之后，第三

位在欧洲杯上助攻的20岁以下球员。第16分钟，捷克队差点儿扳平比分。达里达右路内切左脚射门被封堵，多奇卡尔右侧开出角球，西沃克后点近距离头球顶中门柱！此后，伊尔马兹回敲，沃尔坎·森外围低射，皮球贴左门柱而出。

图凡爆射扩大比分，捷克队悲情出局

下半时，捷克队率先做出人员调整，斯科达替下表现平平的帕维尔卡。第58分钟，土耳其队策动进攻，莫尔左脚抽射高出，随后多奇卡尔传球，达里达在门前12米处低射，球被巴巴詹倒地没收。第65分钟，土耳其队扩大领先优势。塞尔丘克·伊南任意球打到门前，托帕尔背身架炮，图凡大力抽射轰破切赫十指关，2-0！但慢镜头显示，此球图凡有越位嫌疑。此后，土耳其队再度制造险情，达里达禁区右侧射门偏出近门柱。

最终，土耳其队2-0力擒捷克队，积3分升至小组第三，捷克队1分垫底遭淘汰。

双方出场阵容

捷克队

1-切赫；2-卡德扎贝克，6-西沃克，5-胡布尼克，11-普迪尔；15-帕维尔卡（57分钟，12-斯科达），22-达里达，13-普拉希尔（90分钟，14-科拉日）；9-多奇卡尔（71分钟，18-苏拉尔），7-内西德，19-克雷伊奇

土耳其队

1-巴巴詹；7-格努尔，15-托帕尔，3-巴尔塔，13-克伊巴舍；16-图凡，10-图兰，8-塞尔丘克；21-莫尔（70分钟，11-萨汉），17-伊尔马兹（90分钟，9-托松），20-沃尔坎·森（60分钟，14-奥兹亚库）

全场最佳：图凡（土耳其）

赛场 克罗地亚 2-1 西班牙

赛前硝烟

西班牙队同克罗地亚队此前总共交锋 5 场，自 1994 年热身赛 0-2 败北之后，西班牙队近 4 次对阵克罗地亚队 3 胜 1 平，保持不败金身。其中，上届欧洲杯西班牙队曾经在第 88 分钟绝杀克罗地亚队。此役，西班牙队继续派出前两场相同的首发阵容。克罗地亚队本场比赛做出轮换，罗格替换摩德里奇出场，弗萨里科、耶德瓦奇、卡利尼奇和普亚卡也得到首发机会。

比赛回顾

北京时间 6 月 22 日 3 时，2016 欧洲杯 D 组末轮西班牙队对阵克罗地亚队的比赛在波尔多体育场拉开帷幕。莫拉塔抢点率先破门，卡利尼奇随后扳平，拉莫斯射丢点球，第 87 分钟，佩里西奇逆转绝杀。克罗地亚队 2-1 击败西班牙队，夺得小组头名出线，西班牙队获小组第二，将在淘汰赛遭遇意大利队。

莫拉塔抢点首开纪录，卡利尼奇头槌扳平比分

比赛一开场，格子军团率先展开攻势。老队长斯尔纳禁区右侧的射门高出横梁。第 7 分钟，西班牙队先拔头筹。席尔瓦直传禁区肋部，法布雷加斯面对出击的门将挑传门前，莫拉塔抢点左腿将球垫入空门，1-0！领先后的西班牙队开始

显得有些漫不经心，连续后场丢球险送大礼。先是拉莫斯失误，卡利尼奇禁区前劲射被德赫亚神勇扑出。随后，佩里西奇角球混战中近距离头球攻门，皮球稍稍偏出球门。 随后，西班牙队特意将节奏放缓，希望上半场能够保持领先优势。这样也给了克罗地亚队更多机会。第 45 分钟，克罗地亚队扳平比分，佩里西奇左路晃过胡安弗兰后传到禁区，卡利尼奇抢在拉莫斯之前近距离垫射破门，1-1！拉莫斯射失关键点球，佩里西奇施射完成绝杀。

下半场易边再战。大卫·席尔瓦突破送出妙传，但胡安弗兰右路禁区边缘的劲射打高。随后席尔瓦再次直塞，阿尔巴插上禁区左侧传中，莫拉塔前点弹射偏出近角。第 72 分钟，西班牙队浪费机会，伊涅斯塔直传，抢点的席尔瓦在弗萨里科贴防下摔倒，斯尔纳不满判罚被黄牌警告，但拉莫斯主罚点球劲射中路，却被苏巴西奇神勇化解！第 87 分钟，克罗地亚队完成绝杀，卡利尼奇直塞，佩里西奇禁区左侧小角度射入近角，德赫亚未能封住近角，2-1！克罗地亚队在终场前反超比分。最终，在本组争夺头名的决战中，克罗地亚队意外地笑到最后！

双方出场阵容

克罗地亚队

23- 苏巴西奇; 11- 斯尔纳,5- 乔尔卢卡,6- 耶德瓦奇,2- 弗萨里科; 15- 罗格(82 分钟，8- 科瓦契奇），19- 巴德尔吉；20- 普亚卡（92 分钟，,22- 科普），7- 拉基蒂奇，4- 佩里西奇（94 分钟，9- 克拉马里奇）；16- 卡利尼奇

西班牙队

13- 德赫亚; 16- 胡安弗兰,3- 皮克,15- 拉莫斯,18- 阿尔巴; 10- 法布雷加斯(84 分钟，14- 蒂亚戈），5- 布斯克茨，6- 伊涅斯塔；21- 席尔瓦，7- 莫拉塔（67 分钟，20- 阿杜里斯），22- 诺里托（60 分钟，19- 布鲁诺）

全场最佳：佩里西奇（克罗地亚）

每日一星

佩里西奇

西班牙队对克罗地亚队的小组头名之战进行到第 87 分钟时，克罗地亚队的 4 号佩里西奇在左路一记“穿云箭”，皮球直飞西班牙队大门左下死角！这个进球瞬间点燃了整个波尔多体育场克罗地亚球迷的热情。凭借佩里西奇的进球，克罗地亚队不但绝杀了卫冕冠军西班牙队，从而也以小组第一的身份杀进淘汰赛！

如果说首场比赛克罗地亚的英雄属于“魔笛”摩德里奇的话，那么今天的主角无疑是这位效力于国际米兰的佩里西奇。作为格子军团的边路匕首，佩里西奇奉献了自己在国家队最精彩的表现，也让空有控球优势的卫冕冠军拱手让出小组第一，去和蓝衣军团意大利队死磕。

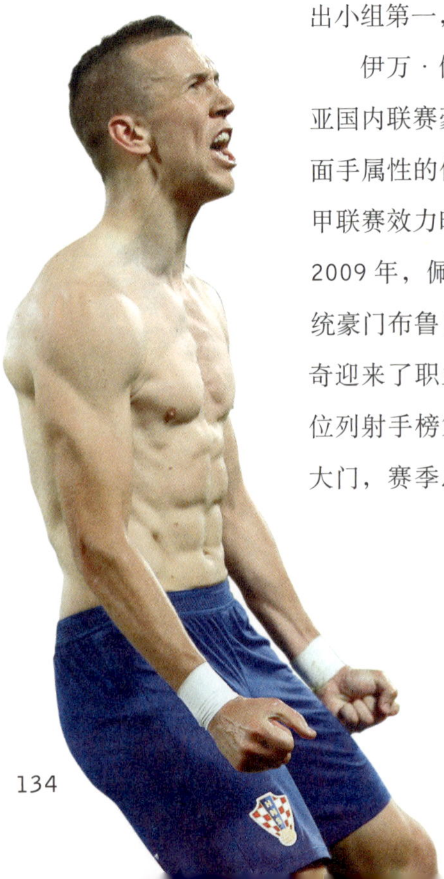

伊万·佩里西奇出生于 1989 年，出道于克罗地亚国内联赛豪门球队斯普利特哈伊杜克。自带前场多面手属性的他，得到了法甲索肖队的垂青，可是在法甲联赛效力时，佩里西奇并没有得到太多的出场时间。2009 年，佩里西奇来到了比利时，加盟了比利时传统豪门布鲁日队，在布鲁日队效力的时间里，佩里西奇迎来了职业生涯的高光时刻，常规联赛轰入 16 球位列射手榜第二位，季后赛 10 场比赛 6 次攻破对手大门，赛季总计 22 球荣膺比甲金靴，是当年比利时联赛中当之无愧的无情杀手。

由于在布鲁日队的惊艳表现，2011 年佩里西奇同时得到了德甲大黄蜂多特蒙德队和克罗地亚国家队的垂青。在效力多特蒙德的两个赛季中，佩里西奇与莱万多夫斯基、香川真司、京多安组成的前场攻击组合在德甲所向披靡，并在2011—2012赛季获得了德甲冠军。

在多特蒙德创造一系列辉煌之后，佩里西奇渐渐在世界足坛小有名气。可是在人才济济的多特蒙德，佩里西奇还没有锁定一个首发位置。此时，沃尔夫斯堡对他伸出了橄榄枝。2013年，佩里西奇正式加盟沃尔夫斯堡，与德布劳内组成中场轴线，在2014—2015赛季德国杯决赛中，佩里西奇和德布劳内联袂以3-1击败了老东家多特蒙德，帮助“狼堡”获得了久违的德国杯冠军。在德甲征战4个赛季后，佩里西奇又在2015年南下转战亚平宁，加盟了意甲老牌豪门国际米兰队。在刚刚结束的这个赛季，虽然国际米兰队一度遭遇赛季动荡，但是佩里西奇却成为少数几个表现稳定的队员。

而在本届欧洲杯第三场小组赛对阵西班牙队的比赛中，佩里西奇更是全场表现积极。在比赛行将锣响之际，他的一记低射将球送进德赫亚把守的西班牙队大门。在打进此球后，佩里西奇激动地脱下战袍跑向了角球旗。今夜属于克罗地亚，属于佩里西奇！

本届欧洲杯的克罗地亚队是近些年中最好、最成熟也最该出成绩的一支克罗地亚队。前有摩德里奇、拉基蒂奇、曼朱基齐这些当家球星，后有斯尔纳、乔尔卢卡这样经验丰富的老将镇守，而本场比赛佩里西奇这样的高光表现也让球迷们相信，这支格子军团很有希望复制1998年世界杯达沃·苏克、博班、普罗辛内茨基等一干传奇球星制造的辉煌成绩。

绝对巨星

切　赫

法国当地时间6月21日21时，捷克队在本届欧洲杯的最后一场小组赛中两球负于土耳其队，小组排名垫底，晋级梦彻底破碎。而在赛后，根据媒体消息，球队主力门将“坦克兵”切赫有可能携手罗西基，就此退出国家队。

12年前，东欧劲旅捷克队犹如一股龙卷风，席卷整个欧洲。新秀切赫的大赛首演让不少球迷津津乐道。而阵中拥有博格、斯米切尔、波博斯基、内德维德、扬科勒、巴罗什、海因策等人的捷克队，和初出茅庐的罗西基们一起小组赛力克荷兰队和德国队，以全胜头名出线，后又在淘汰赛首轮狂胜丹麦队晋级四强，但半决赛加时赛金球惜败最后的冠军希腊队，让不少球迷黯然神伤。

8年前在瑞士、奥地利合办的欧洲杯上，捷克队在小组赛最后一场和土耳其队的恶战中，被逆转绝杀无缘八强。而4年前在波兰，小组头名出线的捷克队依旧意气风发，但最终还是壮志未酬。

本届欧洲杯上，34岁的切赫和35岁的罗西基一样，是这支球队的中流砥柱。不过廉颇老矣的两人已经无法支撑起这支日落西山的捷克队。三场比赛，捷克队0-1负于西班牙队，2-2战平克罗地亚队，0-2输给土耳其队，切赫一共丢掉5球，而另一个尴尬的纪录也由此诞生：在参加欧洲杯的比赛中，切赫一共丢掉了21球，是历史上在欧洲杯正赛中丢球最多的门将，让人唏嘘不已。

此前，捷克队另一位老将、“足坛莫扎特”罗西基已经表示本届欧洲杯可能是他为国效力的最后一届大赛。而如今，切赫也在赛后向媒体暗示，本次大赛也可能是自己的最后一届大赛。

“长江水后浪催前浪，尘世间一代新人换旧人。”随着切赫们的离去，捷克队曾经的“黄金一代”也将基本上从国际舞台上淡出人们的视线，留下的是曾经他们所书写的辉煌和捷克足球多年拥趸们的一声叹息。

赛场　冰岛 2-1 奥地利

赛前硝烟

双方在国际A级赛事中一共三次交锋，奥地利队1胜2平保持不败。双方最近一次交手是在2014年5月的热身赛上，两队1-1握手言和。小组赛前两轮，奥地利队首战0-2完败给匈牙利队，次轮0-0战平葡萄牙队，1平1负积1分，小组垫底；冰岛队先是1-1逼平葡萄牙队，然后1-1战平匈牙利队，2平积2分排在小组第二位。对于两支球队来说，只有获胜才能够保证晋级欧洲杯16强。

此役，效力于莱切斯特城队的队长富克斯领衔奥地利后防线，德拉戈维奇解禁回归，拜仁球星阿拉巴坐镇中场；冰岛方面，西博尔松和伯兹瓦尔松搭档摧城拔寨。

比赛回顾

北京时间6月23日0时，2016年欧洲杯F组末轮冰岛队对阵奥地利队的比赛在法兰西大球场拉开帷幕。伯兹瓦尔松为冰岛队首开纪录，奥地利方面，德拉戈维奇射失点球，舍普夫扳平比分，第94分钟，特劳斯塔松反击中为冰岛队贡献绝杀。冰岛队最后时刻“取代”葡萄牙队，获得小组第二出线，淘汰赛将迎战三狮军团英格兰队。

伯兹瓦尔松劲射破门，德拉戈维奇点球中柱

比赛一开场，冰岛队便一改前两场的稳守反击打法，率先展开攻势。第2分钟，冰岛队就率先迎来破门良机，西古德森传球，格维兹门松禁区前的劲射重重地打在横梁上。奥地利队“小伊布”阿瑙托维奇随后还以颜色，他紧逼门将险些“偷”得一球，幸亏丢球后的冰岛门将哈尔多松及时铲球解围。第18分钟，冰岛队获得进球。他们界外球掷入禁区，奥尔纳松前点头球接力，伯兹瓦尔松停球后顺势突破，小禁区边缘劲射为球队先下一城，1-0！

阿拉巴表现低迷，冰岛队绝杀晋级

下半场双方易边再战。奥地利队连续调整两人意在加强进攻，但率先迎来进球机会的是冰岛人。奥尔纳松传中，比亚尔纳松凌空抽射险些扩大比分！此后，奥地利队的努力在第60分钟收到回报。阿拉巴横传，舍普夫中路突破晃过奥尔纳松后点球点处推射球门右下角中鹄，1-1！此后，被扳平比分的冰岛队打出流畅配合，伯兹瓦尔松回传，吉尔维·西古德森15码处劲射被阿尔默扑出。

第75分钟，场上出现争议一幕！替补出场的埃尔马·比亚尔纳松禁区左侧

传中，球打在克莱因手上，裁判拒绝判罚点球！但是，冰岛人并没有被本次不利判罚影响，双方此后比赛场面也是大开大合，甚是好看。第94分钟，胜利女神垂青了冰岛人。埃尔马·比亚尔纳松反击中禁区右侧斜传，无人防守的特劳斯塔松小禁区左侧射入半空门，上演绝杀！凭借最后时刻的绝杀，冰岛队2-1击败奥地利队。前者将在淘汰赛迎来英格兰队，而后者则黯然告别本次杯赛。

双方出场阵容

冰岛队

1-哈尔多松；2-塞瓦松，6-拉格纳·西古德森，14-奥尔纳松，23-斯库拉松；7-格维兹门松（86分钟，5-因加松），17-贡纳松，10-吉尔维·西古德森，8-比基尔·比亚尔纳松；9-西博尔松（80分钟，21-特劳斯塔松），15-伯兹瓦尔松（71分钟，18-埃尔马·比亚尔纳松）

奥地利队

1-阿尔默；3-德拉戈维奇，15-普勒德尔（46分钟，18-舍普夫），4-欣特雷格，5-富克斯；6-伊尔桑克（46分钟，21-扬科），14-鲍姆加特林格；17-克莱因，8-阿拉巴，7-阿瑙托维奇；20-扎比策

全场最佳：奥尔纳松（冰岛）

冰岛 vs 奥地利　比赛集锦

赛场　葡萄牙 3-3 匈牙利

赛前硝烟

自 1966 年世界杯以来，匈牙利队首次打进大赛淘汰赛。匈牙利队近来状态可谓大好，14 场比赛 6 胜 6 平，仅有两场失利。球队前两轮 1 胜 1 平积 4 分提前出线，此役取胜即可锁定本组头名，战平也可能获得头名。

葡萄牙队近 6 场大赛仅取得一场胜利，前两轮连平仅仅位列小组第三。另外，他们的射门效率也严重偏低，49 次射门，15 次射正，却仅仅打进 1 个进球。本场比赛，葡萄牙队如果取胜则肯定出线，也可能获得小组头名。此前，葡萄牙队 6 次参加欧洲杯，还从未小组出局。

两队以往交战成绩，匈牙利队与葡萄牙队 10 次交锋 3 平 7 负，近 5 场全部失利，近 3 场没有取得一个进球。两队唯一一次大赛交锋是 1966 年英格兰世界杯的小组赛，当时葡萄牙队 3-1 获胜。

比赛回顾

北京时间 6 月 23 日 0 时，欧洲杯 F 组第三轮葡萄牙队与匈牙利队的比赛在里昂开打，匈牙利 37 岁老将格拉世界波先拔头筹，成为欧洲杯史上的第二年长进球者。随后，C 罗助攻纳尼扳平比分。下半时，双方进球“梅花间竹”。茹扎克任意球再下一城，C 罗脚后跟巧射再度扳平。茹扎克此后劲射再度反超比分，C 罗头球再次将比分追平！最终两队 3-3 打平！

匈牙利老妖世界波破门，C 罗回撤助攻纳尼得分

开场后，葡萄牙队率先展开攻势。10 号若昂·马里奥禁区弧顶凌空抽射，皮球掠过横梁。第 19 分钟，匈牙利队首次射门就取得进球。茹扎克右侧角球被 C 罗顶出，纳尼禁区前沿冒顶，老将格拉在门前 20 米处胸部停球左脚半凌空抽射，皮球钻进右下角，1-0！

此后，C 罗连续任意球攻门仍然未能攻破对方十指关，他在欧洲杯上已经狂射 39 脚直接任意球射门，可惜一球未进。第 42 分钟，葡萄牙队终于扳平比分！C 罗中场“鲁伊科斯塔附体”，精准直塞恰到好处，纳尼门前 10 米处左脚低射终于扳平比分，1-1！ C 罗也收获欧洲杯第 4 次助攻，在葡萄牙球员中仅次于传奇球星路易斯·菲戈的 5 次。此外，C 罗近四届欧洲杯均参与进球，除他以外只有德国队的“小猪”施魏因斯泰格能够与其并驾齐驱。

茹扎克有如神助梅开二度，C 罗让欧洲杯多项纪录作古

在中场休息时，双方各自做出人员调整。下半时开始仅 30 秒，匈牙利队再度将比分反超。绍洛伊被里卡多·卡瓦略侵犯，茹扎克右侧左脚主罚任意球射门，皮球碰到戈麦斯左肩变线骗过帕特里西奥进球，2-1！匈牙利队再度领先！随后绍洛伊反击分球，洛夫伦契奇禁区左侧低射击中边网。第 50 分钟，C 罗终于打破进球荒！若昂·马里奥右路传中，C 罗在门前 8 米处脚后跟妙射入远角，2-2！此球一进，C 罗成为首位在四届欧洲杯破门的球员。此时他在欧洲杯共有 7 球 4 助攻，超过普拉蒂尼的 9 球 1 助攻，荣登历史榜首。

可葡萄牙高兴没多久，匈牙利队就再次反超比分。第 55 分钟，有如神助的茹扎克距门 23 米处再次主罚任意球轰在人墙上，他再度得球内切，禁区前沿劲射碰纳尼腿部变线，门将猝不及防，3-2！ 此后，主帅桑托斯用老将夸雷斯马换下碌碌无为的安德烈·戈麦斯，这次换人马上见效！第 62 分钟，夸雷斯马开出战术角球，再接若昂·马里奥回传后左路将球传向禁区准确找到 C 罗，后者在门前 6 米处头球顶进远角，3-3！这是 C 罗欧洲杯第 8 球，超过英格兰传奇射手阿兰·希勒的 7 球，

成为欧洲杯历史上的第二射手！这一纪录保持者是米歇尔·普拉蒂尼的9球。

葡萄牙队三度落后三度追平，最终3-3战平匈牙利队，排名小组第三出线，1/8决赛将与克罗地亚队交手。而匈牙利队获得小组第一出线！

双方出场阵容

葡萄牙队

1-帕特里西奥；11-维埃里尼亚，6-里卡多·卡瓦略，3-佩佩，19-埃利塞乌；10-若昂·马里奥，8-穆蒂尼奥（46分钟，16-雷纳托·桑切斯），14-威廉·卡瓦略，15-安德烈·戈麦斯（61分钟，20-夸雷斯马）；7-C.罗纳尔多，17-纳尼（81分钟，13-达尼洛）

匈牙利队

1-基拉利；2-隆格，23-尤哈斯，20-古兹米奇，3-科尔胡特；16-平特尔，6-艾莱克；14-洛夫伦契奇（82分钟，18-施蒂贝尔），10-格拉（46分钟，21-贝谢），7-茹扎克；9-绍洛伊（71分钟，11-内梅特）

全场最佳：C.罗纳尔多（葡萄牙）

葡萄牙 vs 匈牙利 比赛集锦

赛场 意大利 0-1 爱尔兰

赛前硝烟

此前双方共交手 13 次，意大利队 8 胜 3 平 2 负占据上风。1990 年世界杯 1/4 决赛，意大利队凭借传奇球星斯基拉奇的进球淘汰爱尔兰队。4 年后美国世界杯小组赛，爱尔兰队 1-0 完成复仇，那也是意大利队对爱尔兰队的唯一正式比赛失利。上届欧洲杯小组赛末轮，意大利队 2-0 击败当时已经被淘汰的爱尔兰队。

比赛回顾

北京时间 6 月 23 日 3 时，欧洲杯 E 组第三轮意大利队与爱尔兰队的比赛在里尔拉开帷幕。上半时，意大利队贝尔纳代斯基疑似禁区内犯规，逃过点球。下半时，意大利队替补前锋因西涅击中门柱。终场前，爱尔兰队的胡拉汉替补助攻布拉迪头球完成绝杀。凭借这场胜利，爱尔兰队抢到小组第三，首次欧洲杯小组出线，淘汰赛将在巴黎对阵东道主法国队。

爱尔兰高空轰炸意大利禁区，“意大利二队”逃过点球判罚

比赛一开场，爱尔兰队首先获得机会。亨德里克在门前25米处左脚抽射，皮球稍稍高出门楣。随后，爱尔兰队左侧开出任意球，亨德里克在门前近距离甩头攻门，皮球再次被西里古托出横梁。爱尔兰队进攻中坚决以高空轰炸为主，大脚长传利用前场人员的身体优势频繁给意大利人制造麻烦。第43分钟，“意大利二队”终于有了第一次射门，爱尔兰后卫铲球失误，因莫比莱在门前26米处转身打门偏出。此后比赛出现争议，亨德里克直传，麦克利恩突入禁区左侧，贝尔纳代斯基用肘部将对方拐倒，主裁判哈采甘没有任何表示，意大利队逃过一劫！

因西涅憾中门楣，爱尔兰绝杀升天

下半时双方再战。开始仅8分钟，德西利奥左路传中，扎扎在门前点球点附近侧身左脚凌空抽射，皮球高出横梁。第76分钟，此前换下因莫比莱的因西涅

几乎为意大利队进球！西里古大脚将球开至前场，因西涅得球后中路突破至距门20米处，一记弧线球击中右门柱！爱尔兰队大难不死。

第85分钟，爱尔兰队打破僵局！胡拉汉右路左脚送出助攻，布拉迪在门前8米处顶出弹地球，轰破西里古十指关，1-0！爱尔兰队将胜局保持到终场。补时第4分钟时还出现一次小“花絮”：主裁判哈采甘鸣哨后，孔蒂和奥尼尔误以为比赛结束，两人握手拥抱，但哈采甘实际上还未结束比赛，二人非常尴尬，心中“怒骂”主裁。

双方出场阵容

意大利队

12- 西里古；15- 巴尔扎利，19- 博努奇，5- 奥邦纳；8- 弗洛伦齐，14- 斯图拉罗，10- 莫塔，21- 贝尔纳代斯基，2- 德西利奥（82 分钟，22- 沙拉维）；7- 扎扎，11- 因莫比莱（74 分钟，20- 因西涅）

爱尔兰队

23- 兰道夫；2- 科尔曼，12- 达菲，5- 基奥，17- 斯蒂芬·沃德；13- 亨德里克，11- 麦克利恩，8- 麦卡锡（77 分钟，20- 胡拉汉），19- 布拉迪；21- 墨菲（70 分钟，7- 麦吉迪）；9- 肖恩·朗（90 分钟，22- 奎因）

全场最佳：布拉迪（爱尔兰）

意大利 vs 爱尔兰 比赛集锦

赛场 比利时 1-0 瑞典

赛前硝烟

此前，双方共交锋 15 次，比利时队 7 胜 3 平 5 负占据上风，其中正式比赛 3 胜 2 负略占上风。瑞典队上次在正式比赛中击败比利时队还要追溯到 1961 年。瑞典队前 2 轮仅积 1 分，末轮必须取胜才有机会出线。此役伊布依然领衔首发，贝里轮换出场。比利时队上轮 3-0 轻取爱尔兰队，此役罗马后腰纳因戈兰替换热刺中场登贝莱重回首发。

比赛回顾

北京时间 6 月 22 日 3 时，2016 年欧洲杯 E 组末轮比利时队对瑞典队的比赛在尼斯体育场打响。第 84 分钟，阿扎尔助攻，纳因戈兰远射完成绝杀。比利时队以小组第二名的成绩出线，将迎战匈牙利队。瑞典队 1 平 2 负遗憾出局，伊布的国家队生涯就此落幕。

红魔海盗互相对攻，伊布多次射门未果

双方开场后互有攻守。阿扎尔传球，上一场比赛有出色发挥的维特塞尔禁区前射门偏出。随后贝里任意球混战中禁区内近距离的凌空抽射，被库尔图瓦神勇扑出。紧接着，德布劳内策动进攻，卢卡库突入禁区左侧的射门被后卫约翰松封堵。

此后，瑞典队加强进攻，伊布禁区内的连续射门均被对方后卫堵了枪眼。阿扎尔反击中同卢卡库打出精妙配和后，传给德布劳内，“丁丁”禁区前劲射，球被伊萨克松拿到。此后，伊布禁区弧边缘外凌空弹射，由于球离发力脚太近，皮球偏出左侧立柱。

伊布无奈比利时群狼，纳因戈兰送海盗回家

下半场，双方易边再战。伊布送出妙传，贝里停球欠佳，错过良机，他在禁区右侧回传，埃克达尔禁区边缘的射门被库尔图瓦扑出。第 73 分钟，比利时队再次错过机会，德布劳内直传，卢卡库遗憾浪费单刀，他的射门被伊萨克松出击化解。第 83 分钟，瑞典队险些破门，格兰奎斯特角球混战中 12 码处头球攻门，德布劳内回防及时，在门线上将球挡出。

1 分钟后，比利时队取得进球，阿扎尔左路突破回传，纳因戈兰禁区前抽射，皮球打中岑金偏转后划出弧线飞入球门，1-0！此后，伊布禁区边缘胸部停球后凌空钩射，皮球擦右侧立柱偏出。最后，双方均无力再次改写比分，比利时人也将 1-0 的比分保持到了终场。一代传奇伊布，就此谢幕！

双方出场阵容

瑞典队

1- 伊萨克松；14- 林德罗夫，3- 约翰松，4- 格兰奎斯特，5- 奥尔松；7- 拉尔森（70 分钟，21- 杜尔马兹），8- 埃克达尔，9- 谢尔斯特伦，6- 福斯贝里（82 分钟，22- 岑金）；11- 贝里（63 分钟，20- 古伊德蒂），10- 伊布拉希莫维奇

比利时队

1- 库尔图瓦；16- 穆尼耶，2- 阿尔德韦雷尔德，3- 维尔马伦，5- 维尔通亨；6- 维特塞尔，4- 纳因戈兰；11- 卡拉斯科（71 分钟，14- 默滕斯），7- 德布劳内，10- 阿扎尔；9- 卢卡库（87 分钟，20- 本特克）

全场最佳：德布劳内（比利时）

瑞典 vs 比利时 比赛集锦

每日一星

伊布拉希莫维奇

随着主裁判吹响比利时与瑞典之战的终场哨，我们迎来了一位巨星的告别。他就是伊布拉希莫维奇。而赛后的社交网站上，伊布也用熟悉且属于自己的方式向全世界告别：“我来自贫民窟，但我用自己的方式征服了瑞典，把它变成了我的国家。我要向瑞典人民表达谢意，如果没有他们，我无法实现我的梦想。我的心是黄色和蓝色的，你们永远在其中。我爱你们。”

“头戴三叉束发紫金冠，体挂西川红锦百花袍，身披兽面吞头连环铠，腰系勒甲玲珑狮蛮带；弓箭随身，手持画戟，坐下嘶风赤兔马……”这是《三国演义》中作者罗贯中对书中第一猛将吕布的描述。放眼当今世界足坛，也有一位巨星用一个个令人匪夷所思的“蝎子摆尾”进球诠释着“足坛奉先”的威名。他就是伊布，而他“足坛奉先”的绰号则来源于他一直以来坚持自我的独特个性。

伊布的足球生涯是在瑞典马尔默市的罗森加德开始的。罗森加德，瑞典语的意思是“玫瑰的庭院”，但是美丽的名字下却是瑞典马尔默市臭名昭著的少数民族聚居区和贫民区，那里充斥着暴乱与犯罪。复杂的生活环境与家庭的拮据，造就了伊布鲜明的个性，同时也造就了他独特的足球思维。当时在马尔默队，只要一有用电脑的机会，伊布便会下载罗纳尔多、罗马里奥和其他巴西球员的视频，一遍又一遍地看，直到自己能够完美地理解每一个动作。而看完视频后，伊布便会不知疲倦地坚持练习，最终在赛场上重现那些技巧。尽管教练会要求伊布将更多的精力放在对战术的理解和团队训练中，但是伊布还是坚持只要一有空，便会独自在小球场上全心全意地练习巴西式球技。他的房间里也总是挂着罗纳尔多的照片，因为在伊布看来，罗纳尔多不但能做出世界上最酷的假动作，在世界杯上进很多球，他还是一个能在比赛中起决定性作用的球员。正是这样的坚持不懈，造就了伊布异于常人的独特的足球技艺。于是，在阿贾克斯、在尤文图斯、在巴塞罗那、在米兰双雄，再到巴黎圣日耳曼和瑞典国家队，伊布用一个个令人瞠目结舌的超高难度进球，将“伊布式”的绿茵足球美学深深地镌刻在每个球迷的心中。

有人说：“你可以从贫民窟带走一个男孩，却没法从男孩心中带走贫民窟。”这句话可以诠释伊布张扬的个性和球场上的特立独行。但是对细节一丝不苟的态度和坚持自我的个性才是伊布诠释足球的真谛。就像法国现代哲学之父笛卡尔那句亘古烁今的名言：“当我怀疑一切事物的存在时，我却不用怀疑我本身的思想，因为此时我唯一可以确定的事就是我自己思想的存在”。

而直到伊布临走的那一刻，他书写的是累计代表瑞典国家队出战116场比赛，打进 62 个进球的傲人纪录。

欧洲杯小组赛最佳阵容

门将：

麦戈文（北爱尔兰）

本届欧洲杯门将位置可谓大牌云集，赛前几乎没有人会想到默默无闻的北爱尔兰门将会“抢”到欧洲杯小组赛阶段的最佳门将。麦戈文在本次大赛中发挥可谓惊艳，虽然被对手打进两球，但在对阵强敌波兰队和德国队的比赛中，他多次救险。“小球队”北爱尔兰队能顺利挺进淘汰赛，身价仅为 50 万欧的麦戈文功不可没。

后卫：

右后卫：斯尔纳（克罗地亚）

本届欧洲杯很可能是克罗地亚队的功勋老将斯尔纳最后一次参加欧洲杯了。本次大赛他作为队长出战，有着超乎寻常的发挥。虽然因为参加父亲葬礼，格子军老队长不得不在第一场比赛之后返回祖国，但是在归来之后他依然表现出了很好的职业素养。小组赛克罗地亚队斩落卫冕冠军西班牙队的比赛是斯尔纳的代表作，他用这场伟大的胜利告慰了天堂的父亲。

右中卫：博阿滕（德国）

作为日耳曼军团的绝对主力，小博阿滕在三场小组赛中全部首发，比起中卫搭档，有伤在身、赛季末受到转会事件影响的胡梅尔斯，拜仁后卫的发挥可谓惊艳。在首战与波兰队的比赛中，博阿滕便奉献了本届欧洲杯的最佳解围，为德国队最后的完胜奠定了基础。只可惜，最后一场与北爱尔兰队的比赛最后时刻，博阿滕中途伤退。博阿滕是否出战，对于德国队的后防稳定性有着非同寻常的影响。

左中卫：博努奇（意大利）

正处在职业生涯黄金年龄的尤文“铁闸”博努奇全勤蓝衣军团小组赛。和布冯、基耶利尼一样，博努奇不但是主帅孔蒂的嫡系，而且也是最被倚重的后防重臣。他在比赛中攻守兼备，是意大利队后防的定海神针，他的长传是意大利队进攻与反击中的利器。除了进攻，博努奇也在首场对阵红魔比利时队的比赛中奉献助攻，帮助贾凯里尼首开纪录。

左后卫：格利克（波兰）

相比较右路名满天下的皮什切克，作为球队主力左后卫的格利克不但发挥稳定，而且在与德国队的比赛中成功地冻结了对方右路最大的“杀手”托马斯·穆勒，而其他德国球员在他所镇守的左路进攻也多次无功而返。三场比赛积 7 分，小组赛一球不失，以小组第二昂首出线，波兰队的成绩已经创造了历史，而在防守端，格利克的作用毋庸置疑。

中场：

帕耶（法国）

虽然本届欧洲杯的东道主法国队大牌云集，但是之前名不见经传的帕耶却凭借惊艳的表现成为法国队的新核心。揭幕战中，他在行将伤停补时阶段的世界波帮助“高卢雄鸡”取得开门红，随后又在与阿尔巴尼亚队的鏖战中，最后时刻锁定胜局。被誉为“新齐达内”的草根英雄帕耶，是法国队迄今为止表现最出色的球员。

哈姆西克（斯洛伐克）

哈姆西克在国家队和俱乐部都是毋庸置疑的中场攻击核心。三场全勤的他，先是在首场比赛险些凭一己之力打透威尔士队的中路防线，之后又在与俄罗斯队的比赛中贡献一传一射，而他的那记小角度的惊天世界波也是本届欧洲杯最佳进球的有力竞争者。

伊涅斯塔（西班牙）

相信所有看过小组赛中小白在场上的表现的媒体和球迷，再也不会有关于他该退出的质疑声了。尽管已经32岁“高龄”，但是伊涅斯塔依然还是西班牙最好的中场球星，当六七名球员对他的围堵变成家常便饭之后，小组赛连续两场MVP也就不足为奇了。相信只要伊涅斯塔继续这样的高光表现，斗牛士军团再次卫冕便不再是奢望。

佩里西奇（克罗地亚）

后有老将斯尔纳、乔尔卢卡，中有巨星摩德里奇、拉基蒂奇，“格子军团”本届欧洲杯的阵容可谓备受期待。而中生代球员佩里西奇也在球队攻坚战中发挥了至关重要的作用。小组赛期间，佩里西奇打进两球，为克罗地亚队拿下小组第一立下汗马功劳，尤其是对阵西班牙队时的绝杀进球，打破了“斗牛士”们欧洲杯连续不败的纪录。

前锋：

莫拉塔（西班牙）

从上赛季开始，年轻的莫拉塔逐渐在比赛中展现出巨星的风范。和德赫亚一样，莫拉塔也是西班牙那届欧青赛冠军队的主力成员，是西班牙队新老交替中未来的顶梁柱。而本届欧洲杯期间，他在小组赛中贡献三粒进球，目前暂时并列射手榜头把交椅。在比利亚、托雷斯逐渐淡去，迭戈·科斯塔等人不适应战术体系的情况下，莫拉塔无疑是西班牙对未来十年倚重的锋线尖刀。

贝尔（威尔士）

本届杯赛唯一一位三场小组赛均有进球的球员来自威尔士队的“大圣”贝尔。这位皇马巨星不但拥有千里走单骑般的“凌波微步”，而且任意球也是一绝，只是在皇马期间长时间被C罗占据任意球开火权而无从发挥。本届欧洲杯，贝尔不但帮助“红龙军团”历史性地进军淘汰赛，而且也以连续两场比赛直接任意球破门追平了普拉蒂尼的纪录。相信威尔士队在“大圣”的带领下，会给球迷们创造更多的惊喜！

小组赛盘点

最失意阵容——“悲情十三人”

开场四平八稳、中段渐入佳境、末尾惊魂绝杀多已成为本届欧洲杯特有的风景线。造就这一独特景观的正是24支球队的球星们，历史的车轮往往铭记的是那些抒写灿烂光辉的英雄，而那些众望所归却又壮志未酬的球星却更加令驻足者叹息，下面我们就来盘点一下本届欧洲杯的“悲情十三人”：

门将：

塔塔鲁萨努（罗马尼亚队）

昔日的“东欧黄玫瑰”在小组赛中的表现可谓乏善可陈，其中要负很大责任的是其门将塔塔鲁萨努。他在三场比赛都不同程度地出现失误，让本就缺少球星的罗马尼亚队直接送给对手三粒进球。他的状态低迷，让斯坦库们的进球与斯坦丘们的努力瞬间都化作乌有。

后卫：

拉莫斯（西班牙）

在刚刚结束的赛季，随皇马获得欧冠冠军的队长拉莫斯，在前两轮小组赛中显得心不在焉。第二场比赛一开场，他就因为失位险些造成土耳其前锋获得单刀，而自己也差点儿获得红牌早早离场。在末轮与克罗地亚队的比赛中，他更是在攻防两端继续自己的低迷状态，先是让对方危险人物卡利尼奇轻松地绕到自己身前完成“蝎子摆尾”进球，随后又抢罚本应是伊涅斯塔的点球，而最终罚丢，致使球队被克罗地亚队绝杀进入死亡半区。球队在淘汰赛伊始就将面对强敌意大利队，拉莫斯无疑难辞其咎。

胡布尼克（捷克）

本届欧洲杯上，捷克队依然要依靠“垂垂老矣”的罗西基、切赫来苦苦支撑的重要原因在于，捷克队人才的凋零。这一问题在后防线上体现得尤为明显。此前，捷克队后防线上有格里格拉、乌伊法鲁西、扬库洛夫斯基这样的球员，而如今只能靠胡布尼克们勉强维持。在首战西班牙队的比赛中，胡布尼克就险些自摆乌龙坑害切赫。此后，对阵克罗地亚队的比赛中他的一连串失误送给对手两个进球。若不是老将罗西基最后时刻的灵光乍现和对方犯错送点，捷克队或许会因为胡布尼克的“卧底”而提前告别本届欧洲杯。

斯莫尔尼科夫（俄罗斯）

出生于1988年8月8日的俄罗斯队后卫斯莫尔尼科夫，显然没有沾到自己“生辰八字”的一点儿光。他在第二场小组赛中，先是放任哈姆西克创造“世界波”，之后又在与威尔士队的比赛中被“大圣”贝尔和拉姆塞两人在后场“打爆”。战斗的民族小组赛过后即打道回府，此君功不可没。

中场：

费莱尼（比利时）

早在两年前，“爆炸头”费莱尼还是俱乐部和国家队雷打不动的核心。如今被恩师莫耶斯遗弃在曼联以及遭遇范加尔杂乱无章战术祸害的费莱尼，已经完全失去了比赛节奏和感觉。首轮迎战意大利队，他在中场的对决中完败于对方老将德罗西，所幸，比赛还没结束，他便被没比他好到哪里去的主帅威尔莫茨提前换下，进而雪藏。眼看另一位“爆炸头”维特塞尔和一身匪气的纳因戈兰先后进球，本届欧洲杯上，费莱尼注定只能靠他的金色卷发在替补席上以“吉祥物“的方式博得球迷眼球了。

博格巴（法国）

如果只说球场上的表现，那么博格巴三场比赛交出的答卷还算及格。但是如果从他在队中的地位和需要承担的职责方面来看，他的表现与巨星一词还相去甚远。开赛前，无论是队内、媒体还是球迷，都把博格巴看成是法国队的头号球星。但是，由于他在揭幕战上“雷声大雨点小”的不温不火的表现，他被主帅德尚提前换下，也将王座拱手让给了名不见经传的帕耶。而第二场比赛，他更是被主帅安置在板凳席上。好在最后一轮比赛，他在前场的活跃表现赢回了球迷以及主帅德尚的信任，目前博格巴需要一个证明自己的进球！

托马斯·穆勒（德国）

在巴西世界杯的赛场上，“二娃”穆勒的表现可谓势如破竹，大有赶超同胞克洛泽世界杯最佳射手的趋势。但是来到欧洲杯赛场，穆勒仿佛换了一个人。前两场小组赛面对并不是十分强大的两个对手，穆勒竟然惊人地变得不会踢球了。他的带头萎靡，也让日耳曼战车和主帅勒夫饱受指责。而球迷们更是将穆勒状态不佳的责任归咎为上赛季在拜仁与瓜迪奥拉的“内耗”。

斯特林（英格兰）

本届欧洲杯上，被利物浦球迷称为“逆子”的英格兰边锋斯特林成了全英格兰球迷的“公敌”。首场比赛他碌碌无为，成为球迷们发泄球队被逼平的罪魁祸首。第二场比赛他在浪费绝佳机会和屡屡失误后，更是被球迷们在网络上众筹了送他回家的机票，进而又被全英球迷称为“众筹型边锋”。近日，斯特林由于不堪球迷的调侃与指责，一直在寻求球队心理医生的帮助。看来本届欧洲杯，“三狮军团”是指望不上这名边路快马会给球队带来什么帮助了。

前锋：

莱万多夫斯基（波兰）

已经被球迷们称为欧洲第一中锋的莱万多夫斯基，在小组赛三场比赛一球未进。虽然他在每场比赛中都吸引了对手的重点防守，从而成全了锋线搭档小将米利克的一鸣惊人和老将库巴的后排插上，但是挑剔的媒体和球迷还是认为莱万只要不进球就意味着失败。预选赛上获得最佳射手、在刚刚结束的赛季获得德甲金靴的莱万打满三场比赛后竟然没有一次射中球门，难道说他真的遭遇了对手的天罗地网，还是他遇到了每个前锋都可能会遇到的“大赛瓶颈”？

伊布拉希莫维奇（瑞典）

作为此阵容中最“悲情”的球星和最有争议的入选者，伊布的“出现”有些无奈。毕竟，这样一支孱弱的瑞典队需要他既在前场扮演皮尔洛的角色，又要挪到边路进行突破，还要随时埋伏在禁区等待队友为数不多的炮火支援。所以，伊布入选的唯一理由就是，顶着法甲联赛最佳射手的他没有留下国家队最后的进球就悲情地结束了自己的国家队生涯。

哈里·凯恩（英格兰）

作为“三狮军团”的头牌、上赛季英超联赛最佳射手的哈里·凯恩承担了英格兰球迷无限的希望。不过作为首次征战大赛的“菜鸟”，他出场的 150 分钟里，八脚射门无一命中。首场比赛面对俄罗斯队，作为中锋的他竟然被自家主帅安排主罚角球；第二场小组赛面对威尔士队，他和贝尔相同位置的任意球，“大圣”将球送进了哈特的大门，而他竟然将球“准确”地送进了球员通道的大门……而另两位竞争者瓦尔迪、斯图里奇则在取代他上场后立即用进球说话。继斯特林后，凯恩也成了英格兰球迷第二大吐槽对象。

主教练：霍奇森（英格兰）、威尔莫茨（比利时）

此二人可谓是本届欧洲杯教练席上的两位奇葩。两人手里都握有其他 22 支球队主帅艳羡的一手好牌，都拥有各自足协、球队队员的鼎力支持，而前者更是拿着所有国家队教练中最高的年薪。但是这二位的临场指挥实在让人汗颜。前者把欧洲杯三场小组赛当成了友谊赛，开始按部就班地搞起了演习，后者则在临场指挥方面完全处于业余级别。所以，在小组赛结束之后，此两人双剑合璧，组成了欧洲杯教练界的“最衰双雄”。

小组赛盘点

传奇谢幕——罗西基：一段足球艺术的诀别

欧洲杯的节奏正在点燃全世界球迷的激情，当德劳内杯的光晕倒映那些传奇的身影，在盛会的高潮即将来临之际，这些我们曾经顶礼膜拜的巨星却不舍告别。

铁打的营盘，流水的兵。没有谁能逃过时光的年轮，更没人能与残酷的年华老去搏命。

随着小组赛的结束，我们迎来了帕耶、贝尔、伊涅斯塔这些或冉冉升起、或证明自己的巨星，也目睹了伊布、罗西基、切赫这些功成名就巨星的黯然离去。

最好不相知，便可不相思。

罗西基被球迷们亲切地称为“足球莫扎特”。在本次欧洲杯的小组赛中，捷克队难求一胜，黯然出局。但是老将罗西基依然奉献了高水平的演出。

在第二场小组赛对阵克罗地亚队的比赛中，捷克军团早早地 0-2 落后。就当人们以为捷克队要提前告别本届欧洲杯之际，老将罗西基挺身而出，在右路用巅峰期标志性的外脚背传中帮助锋线队友斯科达头球破门。此后，捷克队伤停补时再进一球，神奇地拿到 1 分！然而赛后，罗西基便宣布因伤告别了本届欧洲杯。在比赛中，罗西基曾感到腿部不适，但为了球队的荣誉，老将打光了自己最后一颗子弹，这份忠诚与坚韧让无数球迷为之动容。

与另一位捷克巨星“铁人”内德维德在球场上奏出的重金属乐不同，罗西基在球场上更像是在谱写一曲协奏曲。球场上的罗西基宛如莫扎特，足球在他的脚下像是跳动的音符，而他组织的进攻犹如美妙的乐章，飘逸犀利的传球和精彩的远射让球迷们为之癫狂。

2000 年欧洲杯，初出茅庐的罗西基首次为祖国征战世界大赛。2006 年世界杯结束后，老将内德维德退出国家队，罗西基接过前辈的枪，带领东欧铁骑继续拼杀。但是，球场上的天才总与伤病为舞，罗西基也逃不过这个宿命的轮回。他曾经非常努力地与其斗争，2008 年，他帮助球队打进欧洲杯决赛圈，但伤病让他错过了所有决赛圈的比赛。2012 年欧洲杯，罗西基再次难逃宿命伤病，捷克队也没能再创辉煌。

最好不相惜，便可不相忆。

罗西基黯然告别后，捷克那风骚的黄金一代只剩当年的“小将”——如今 34 岁的“坦克兵”切赫还在奋战。帕特里克·博格、斯米切尔、波博斯基、内德维德、扬·科勒、米兰·巴罗什、海因策等曾经与自己并肩作战的老战友早已解甲归田，罗西基明白自己的进攻鸣奏曲也演奏到了尾声。人可以回到故里，见到故人，但无法回到过去的旧时光。只是不知道下次再见，会是何时？下次再有一个罗西基，球迷们会等多久……

送别巨星——伊布拉希莫维奇：最是绚烂离别时

人总有老去之时，当老球迷们看到身边年轻球迷们痴迷于新晋杀出的球星之时，或许会欣然一笑：“嘿，小孩儿，你知道谁是伊布吗？”

本届欧洲杯小组赛最后一场，当风华正茂的比利时队一记穿云斩击碎瑞典队的小组出线之梦时，当35岁的伊布拍着老战友伊萨克松、谢尔斯特伦的肩膀一起走下球场时，我们知道这段孤胆英雄对抗整个世界的故事走到了结局。

两届世界杯、四届欧洲杯，115场62球，包办预选赛阶段瑞典19球中的11球。伊布如三国吕布一般跃马长戟，助羸弱之北欧海盗屹立于强手如林的世界足坛。只是到了欧洲杯这样更高水平的舞台，能一人敌三英的“奉先”，已难耐群狼围剿，年事已高的伊布，已经不起车轮大战。

梦回十年前，风华正茂的伊布锋芒初露，方天画戟直指世界足坛前锋首把交椅。2004年欧洲杯对阵意大利，伊布背对正处巅峰期的世界最佳门将布冯，一记蝎子摆尾戏耍意大利整条中轴线；2012年欧洲杯，伊布在点球点附近侧身凌空打得法国国门洛里和法国全队巨星毫无脾气；同年狭路相逢英格兰，伊布在距离球门将近33米的地方凌空飞身倒勾让骄傲的英国人对他顶礼膜拜，而本场的大四喜也让大不列颠后卫闻风丧胆；2014世界杯预选赛，瑞典遭遇德国，伊布1传1射，30分钟内带领0-4落后的瑞典队逼平强大的日耳曼军团，让穆勒、诺伊尔们瞠目结舌……

然而，足坛无常青树。本届欧洲杯，伊布难现昔日风采。再战意大利的无力回天，对垒比利时的无可奈何，面对对手的围追堵截，缺少帮手的奉先，再创奇迹谈何容易？无奈杀敌杀到卷刃的“方天画戟”，奔跑奔到累倒的“赤兔宝马”，伊布的传奇表演终于在国家队画上了句号。

莫道后生可畏，只缘英雄迟暮，休说风云变幻，实则未战先输。夕阳西下，暮色苍茫，伊布身影黯然，默默无语。耳畔回响的是那亘古烁今的霸气语录：我是上帝，世界杯没我不值一看；凝眸里，浮现的是此生不换的绝世进球……

只是云散水流去，寂然天地空。只是到了离别时，我们真的不忍说出再见一词……

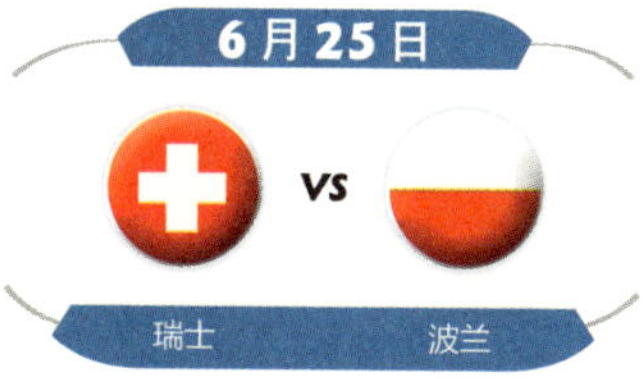

赛场　瑞士 5-6 波兰

赛前硝烟

本场比赛对于两队来说，都是首次出现在欧洲杯淘汰赛中。而且两支球队在小组赛阶段都只打进两个进球，防守能力强是两队的标签。波兰队在小组赛阶段一球未失，瑞士队也没有让其他球队在运动战中攻陷过城池，仅仅丢了一个点球。

纵观两队交锋，瑞士队在双方此前的 10 次交锋中仅取得 1 场胜利，两队最近一次交锋是在 2014 年的 11 月，当时双方 2-2 打平。双方唯一的正式比赛交锋是在 1980 年欧洲杯预选赛上，当时波兰队主客场以相同的 2-0 双杀对手。

比赛回顾

北京时间 6 月 25 日 21 时，欧洲杯 1/8 决赛首场较量波兰队与瑞士队的比赛在圣埃蒂安拉开帷幕。双方 120 分钟内打成 1-1，残酷的点球大战中，波兰队 5-4 胜出。老将库巴率先为波兰队取得进球，下半时，“瑞士梅西”沙奇里上演惊天世界波扳平比分。点球大战中，瑞士队第二个出场的核心扎卡左脚打偏，波兰队则全部命中，率先挺进决赛。

“坚盾对撞”波兰队率先打破僵局，库巴连场破门创纪录

开场仅 23 秒，波兰队便险些先声夺人，几人合围逼抢几乎换回进球。瑞士门将佐默掷球，里卡多·罗德里格斯在米利克的紧逼下选择回传，莱万的单刀球被瑞士门神出击化解。此后波兰队攻势不减，格罗西基左路内切将球送入禁区，米利克禁区右侧近距离头球攻门再次被佐默化解。第 39 分钟，波兰队率先敲开对方城池！格罗西基突破下底，球阴差阳错地又回到他的脚下，格罗西基顺势突入禁区送出妙传，老将库巴在门前推射打了瑞士门将佐默一个穿裆球，1-0！

沙奇里世界波“预订”欧洲杯最佳进球

下半时双方易边再战，格罗西茨再次在左路觅得助攻机会，只可惜莱万在门前点球点处的射门被瑞士队门神佐默化解。第 78 分钟，瑞士队错过良机。扎卡任意球接力传至禁区，中卫朱鲁推射被对方挡出，瑞士前锋塞费罗维奇补射，遗憾的是只打中了横梁！第 81 分钟，瑞士队用极度写意的方式扳平比分！老将右后卫利希施泰纳左路传中，塞费罗维奇一漏，德尔迪约克架炮，之前小组赛阶段

饱受批评的沙奇里右侧禁区边缘飞身左脚倒钩，皮球击中门柱后弹进大门，1-1！此球无论是技术、角度、力量、姿势都堪称完美，沙奇里不但成为第6位欧洲杯进球的瑞士球员，而且几乎“预定”了本届欧洲杯的最佳进球！此后，双方再无建树，1-1的比分保持到了90分钟结束，两队进入加时赛。

点球战扎卡罚失，“钟表王国”遗憾出局

加时赛开始后，瑞士队几乎终结比赛。第113分钟，沙奇里中路将球送至禁区左侧，德尔迪约克反越位成功甩头攻门，法比安斯基神奇化解！第118分钟，德尔迪约克再次错失良机。扎卡策动进攻，塞费罗维奇左路妙传，德尔迪约克第一下处理欠妥，再射门被法比安斯基摘下。加时赛双方均无建树，只得进入更加残酷的点球大战：

第1轮，利希施泰纳尝试中路，莱万准确命中右上死角，1-1。

第2轮，扎卡左脚大力偏出！米利克左脚推射，球被佐默挡了一下还是飞入球门，1-2。

第3轮，沙奇里推射右下角，格利克劲射打进左下角，2-3。

第4轮，沙尔和库巴选择罚进大门右下角，3-4。

第5轮，里卡多·罗德里格斯左脚推进左下角，最后一个出场的10号、效力于塞维利亚队的科雷霍维亚克锁定胜局！

最终，波兰队点球5-4淘汰瑞士队！这也是他们首次打进欧洲杯8强，他们在1/4决赛中将对阵葡萄牙队与克罗地亚队的胜者！

双方出场阵容

瑞士队

1- 佐默；2- 利希施泰纳，22- 沙尔，20- 朱鲁，13-R. 罗德里格斯；11- 贝赫拉米（77 分钟，16- 费尔南德斯），15- 哲马伊利（58 分钟，7- 恩博洛）；23- 沙奇里，10- 格拉尼特 · 扎卡，18- 穆罕默迪（70 分钟，19- 德尔迪约克）；9- 塞费罗维奇

波兰队

22- 法比安斯基；20- 皮什切克，15- 格利克，2- 帕兹丹，3- 耶德泽齐克；16- 库巴，10- 科雷霍维亚克，5- 马辛斯基（101 分钟，6- 约德沃维茨），11- 格罗西基（104 分钟，17- 佩斯科）；7- 米利克，9- 莱万多夫斯基

本场最佳：库巴（波兰）

瑞士 vs 波兰 比赛集锦

每日一星

沙奇里

经过120分钟鏖战，波兰队昂首晋级，而瑞士人回家了。但是，本场比赛却诞生了本届欧洲杯可能的最佳进球。奉献这一神作的正是被誉为“瑞士梅西”的沙奇里。赛后，很多媒体和球迷们都戏称：晋级是波兰的，但是头条是沙奇里的！

很早以前，“瑞士梅西”沙奇里便已经在欧洲小有名气，而他也是天生为纪录而生。2012年，他以1160万欧元的身价加盟德甲拜仁慕尼黑，创下了瑞士21岁以下球员的转会身价纪录。虽然此后他在拜仁郁郁不得志，曾经辗转国际米兰队，但上赛季在英超斯托克城队，沙奇里找到了昔日的灵气和状态，他和西班牙昔日金童博扬、奥地利“小伊布”阿瑙托维奇组成的斯托克城三叉戟在英超大杀四方，制造了不小的轰动。

虽然在两年前的世界杯，瑞士队被梅西所在的阿根廷队淘汰出局，但是小组赛最后一轮的帽子戏法还是给很多球迷留下了深刻的印象。本届欧洲杯，沙奇里被本国媒体寄予厚望，但此前三场小组赛，他的发挥浑浑噩噩，不但队中核心位置被新晋转会阿森纳的红人扎卡抢走，而且也“光荣地”入选了国内外很多机构评选的小组赛最差阵容。

与波兰队的1/8决赛上半场，沙奇里仍旧

在右路无所适从，瑞士队也一直处于比分落后的困局。好在关键时刻，沙奇里灵光乍现，第81分钟，“瑞士梅西”在大禁区附近以一脚惊世骇俗的世界波将比分扳平！此球也一扫他在本届欧洲杯上的郁闷。而在此后的点球大战中，沙奇里也稳稳地将球罚进，可惜扎卡在第二轮便将点球罚失，瑞士队遗憾点球出局。

对于瑞士队而言，他们本届杯赛的表现已经让我们眼前一亮，而对于沙奇里而言，他也用如此漂亮的世界波永载欧洲杯史册。放眼两年后的世界杯，对于瑞士队和沙奇里来说：明天，又将是美好的一天！

赛场　威尔士 1-0 北爱尔兰

赛前硝烟

本场比赛是威尔士队与北爱尔兰队历史上的第 96 次交手。此前，威尔士队取得 45 胜 24 平 26 负，占据上风。从 1980 年以来，威尔士队在双方近 8 次对决中取得 4 胜 4 平保持金身不败。北爱尔兰队唯一一次在正式比赛中击败威尔士队还要追溯到 1954 年。

此役，威尔士队继续沿用小组末战完胜俄罗斯队的首发阵容，“大圣”贝尔与“死神”拉姆塞领衔出场。北爱尔兰队方面，中锋拉弗蒂进入首发。

比赛回顾

北京时间 6 月 26 日 0 时，2016 年欧洲杯第二场 1/8 决赛威尔士队与北爱尔兰队的“英伦小德比”在王子公园球场展开。威尔士队 1-0 击败北爱尔兰队。第 75 分钟，贝尔左路传中导致麦考利自摆乌龙。

双方陷入缠斗僵局，威尔士空有控球率

由于进入淘汰赛，对阵双方谁前进一步都将创造历史，所以双方开场后均以试探性为主。第 7 分钟，北爱尔兰队率先觅得良机，科里 · 埃文斯策动进攻，达拉斯左路禁区突施冷箭，被亨尼西机敏扑出。第 19 分钟，威尔士队率先把球送

入对方球门。沃克斯头球接力，拉姆塞近距离把球送进大门，但因越位在先被判无效。此后，北爱尔兰队杰米·沃德禁区边缘外怒射，被亨尼西神勇化解。随后威尔士队展开反攻，但贝尔禁区前的射门偏出目标。此后的比赛再次陷入僵持局面。威尔士上半场控球率达到6成，但并没有创造真正的得分机会。

“大圣”贝尔灵光乍现，麦考利不慎自摆乌龙

下半场双方易地再战。第53分钟，威尔士队错过绝佳良机，拉姆塞右路送出准助攻，沃克斯点球点头球轰门，皮球贴着立柱稍稍偏出。此后贝尔再次尝试任意球射门，但被反应机敏的麦戈文扑出。第75分钟，拥有巨星的威尔士队终于取得收获，拉姆塞策动进攻，贝尔左路策应顺势传中，麦考利抢在罗布森·卡努之前解围却不慎误入自家大门。最后时刻，北爱尔兰门将麦戈文也上前参与定位球进攻，但威尔士队众志成城，将一球优势保持到了终场结束。此役获胜，威尔士队继续创造着属于他们的历史，而输球一方北爱尔兰队也可以昂首离开。

双方出场阵容

威尔士队

1- 亨尼西；5- 切斯特，6- 阿什利 · 威廉姆斯，4- 本 · 戴维斯，3- 尼尔 · 泰勒；2- 冈特，7- 乔 · 阿伦，16- 乔 · 莱德利（63 分钟，20- 乔纳森 · 威廉姆斯），10- 拉姆塞；18- 沃克斯（55 分钟，9- 卡努），11- 贝尔

北爱尔兰队

1- 麦戈文；18- 阿龙 · 休斯，20- 卡斯卡特，4- 麦考利（84 分钟，21- 马根尼斯），5- 琼尼 · 埃文斯；19- 杰米 · 沃德（69 分钟，11- 华盛顿），13- 科里 · 埃文斯，8- 史蒂文 · 戴维斯，16- 诺伍德（79 分钟，7- 麦吉恩），14- 达拉斯；10- 拉弗蒂

本场最佳：切斯特（威尔士）

威尔士 vs 北爱尔兰　比赛集锦

赛场　葡萄牙 1-0 克罗地亚

赛前硝烟

此前，葡萄牙队 3 次遭遇克罗地亚队，取得全胜战绩，打入 6 球且零封对手。其中，1996 年欧洲杯上，库托、菲戈、鲁伊科斯塔等黄金一代领衔的航海军团曾以 3-0 完胜苏克、博班、普罗辛内茨基带领的格子军。此役，克罗地亚更换 5 名首发，球队核心摩德里奇伤愈驰援，曼朱基奇和布罗佐维奇领缨出战。葡萄牙方面进行了 4 人调整，相比较上场比赛，防线上只保留了“武僧”佩佩，C 罗和纳尼依旧继续突前，而本场比赛也是纳尼第 100 次代表国家队出场。

比赛回顾

北京时间 6 月 26 日 3 时，2016 年欧洲杯第三场 1/8 决赛——葡萄牙队与克罗地亚队的比赛在博拉尔特 - 德勒利球场拉开帷幕。双方常规时间内“雷声大雨点小”。加时赛第 117 分钟，C 罗禁区内射门被挡，老将夸雷斯马门前补射空门，上演绝杀！凭借此球，葡萄牙队惊险晋级，下一轮将迎战莱万带领的波兰队。

克罗地亚空有控球优势，葡萄牙频频犯规破坏节奏

克罗地亚队开场后就试图用超强的整体能力控制比赛的节奏，他们成功做到了。前 5 分钟，格子军团的控球率高达令人恐怖的 9 成。此后，比赛节奏频频被

犯规敲打得支离破碎。第25分钟，场面始终处于被动的葡萄牙队率先迎来机会。佩里西奇侵犯C罗，格雷罗任意球开到禁区，佩佩小禁区边缘力压对方中卫维达，俯冲头球险些叩关得手。而克罗地亚队今天仿佛失去了射门准星。老队长斯尔纳开出角球，曼朱基奇近距离头槌偏出。拉基蒂奇任意球开到禁区，中卫维达的头球同样未能命中门框范围。

两队双双穿错射门靴，C罗90分钟比赛无射门

下半场双方易边，克罗地亚队继续保持强压迫性，但是射门依旧找不到准星。第52分钟，拉基蒂奇禁区右侧将球送到禁区，布罗佐维奇抢前点打门放了高射炮。第61分钟，克罗地亚队险些破门。斯尔纳右路任意球传向禁区，维达小禁区前头球发炮，皮球稍稍偏出！葡萄牙队在扎紧篱笆时，零星地进行着反击。阿德里安·席尔瓦传向禁区，纳尼射门再次偏出门框范围。最终，沉闷的90分钟比赛结束，双方0-0进入加时赛。两队90分钟11次射门没有一脚射正，是1980年大赛以来首次，也是欧洲杯历史上首次出现这样奇葩的场景。C罗90分钟内没有一脚射门，也创造了本人的一个尴尬纪录。

克罗地亚错失破门良机遭惩罚，夸雷斯马补射绝杀格子军

加时赛中，克罗地亚队继续乏味地主导比赛，而两队也继续着漫无边际的浪射。第113分钟，布罗佐维奇操刀角球，门将出击落空，中卫维达小禁区头球顶

空门偏出。第 117 分钟，连续错失机会的克罗地亚队遭到惩罚。雷纳托·桑切斯反击中突破传球，纳尼禁区左侧斜传，C 罗小禁区右上角小角度第一次射正球门，门将苏巴西奇一挡，夸雷斯马跟上近距离头球顶入空门上演绝杀，1-0！

最终比赛结束，葡萄牙队加时赛 1-0 击败克罗地亚队。格子军团新黄金一代黯然告别！

双方出场阵容

克罗地亚队

23- 苏巴西奇；11- 斯尔纳，5- 乔尔卢卡，21- 维达，3- 斯特里尼奇；10- 摩德里奇，19- 巴德尔吉；14- 布罗佐维奇，7- 拉基蒂奇（110 分钟，20- 普亚卡），4- 佩里西奇；17- 曼朱基奇（88 分钟，16- 卡利尼奇）

葡萄牙队

1- 帕特里西奥；21- 塞德里克，3- 佩佩，4- 丰特，5- 格雷罗；10- 若昂·马里奥（87 分钟，20- 夸雷斯马），23- 阿德里安·席尔瓦（108 分钟，13- 达尼洛），14- 威廉·卡瓦略，15- 安德烈·戈麦斯（50 分钟，16- 雷纳托·桑切斯）；7-C. 罗纳尔多，17- 纳尼

本场最佳：斯尔纳（克罗地亚）

葡萄牙 vs 克罗地亚 比赛集锦

赛场 法国 2-1 爱尔兰

赛前硝烟

本场比赛是两队历史上第17次交锋，此前法国队6胜6平4负稍占上风。爱尔兰队正式比赛中3次击败法国都在首都都柏林，最近一次取胜还要追溯到遥远的1981年。此后4次对阵法国队，爱尔兰队无一胜绩。

2009年，爱尔兰传奇老将罗比·基恩打进法国队一球，这也是爱尔兰近35年对阵法国队的唯一进球。法国队近来成绩斐然，近7场比赛取得6胜1平，保持不败金身。

比赛回顾

北京时间6月26日21点，2016年欧洲杯第四场1/8决赛法国队与爱尔兰队的比赛在里昂体育场展开。上半场，布拉迪率先罚进点球；下半场，格列兹曼爆发，他在4分钟内贡献两球，并制造对方一张红牌。最终，法国队2-1有惊无险地击败爱尔兰队。

拉米开场送低级失误，爱尔兰闪击高卢雄鸡

开场不到两分钟，爱尔兰队便打了法国队一个措手不及。法国中卫拉米禁区内不慎摔倒，肖恩·朗禁区内遭遇补位的博格巴侵犯，意大利裁判里佐利吹罚点球，

布拉迪操刀将球打进右下死角，1-0！此球也创造了欧洲杯决赛圈历史上最快点球得分的纪录。法国队虽然攻势占优，但是又陷入了小组赛第二场与阿尔巴尼亚队比赛的困局当中。半场结束，爱尔兰队 1-0 领先东道主。

格列兹曼三分钟打进两球，高卢雄鸡瞬间满血复活

德尚在中场休息时再次修正了自己的错误。小将科曼替补出场，这一招果然奏效。不但法国队的右路被彻底盘活，而且也解放了上半场被困死的格列兹曼。第 58 分钟，法国队终于扳平比分！帕耶中路策动攻势，萨尼亚右路精准找到埋伏在禁区内的格列兹曼，格子头球一蹴而就，1-1！爱尔兰队被这一失球打乱了节奏，而法国队全队的势头也被此球带动。第 61 分钟，法国队反超比分。法国队一记过顶长传，爱尔兰队后防大乱，吉鲁吸引两名中卫前来协防后，头球架炮，斜刺里杀出的格列兹曼轻松突入禁区内低射右下角入网，2-1！格列兹曼三分钟内迎来爆发！第 93 分钟，格列兹曼错过上演帽子戏法的机会，他在点球点处的

低射被兰道夫神勇救出！

最终比赛结束，法国队2-1逆转爱尔兰队，将在随后比赛对阵英格兰队和冰岛队之间的胜者。

双方出场阵容

法国队

1-洛里；19-萨尼亚，4-拉米，21-科斯切尔尼，3-埃弗拉；15-博格巴，5-坎特（46分钟，20-科曼）（93分钟，18-西索科），14-马图伊迪；7-格列兹曼，9-吉鲁（73分钟，10-吉尼亚克），8-帕耶

爱尔兰队

23-兰道夫；2-科尔曼，12-达菲，5-基奥，17-斯蒂芬·沃德；19-布拉迪，13-亨德里克，8-麦卡锡（72分钟，20-胡拉汉），11-麦克利恩（68分钟，4-奥谢）；21-墨菲（65分钟，14-沃尔特斯），9-肖恩·朗

本场最佳：格列兹曼（法国）

法国 vs 爱尔兰 比赛集锦

每日一星

格列兹曼

中国有句古话：时势造英雄。当法国队再次面临小组赛第二场与阿尔巴尼亚队的困局时，又是格列兹曼挺身而出，化身英雄，保送东道主渡过险关。

格列兹曼今年 24 岁，出生于法国阿尔萨斯，是阿森纳教授温格的老乡。和法国队草根英雄帕耶的经历有几分相似，少年时由于又瘦又矮，几乎没有法国本土的俱乐部愿意给格列兹曼一个机会。最终，来自皇家社会的球探慧眼识珠，将他带到了西班牙发展。从西甲青训里走出的格子，本有机会效力西班牙国家队，但他最终还是选择了祖国法国，而正是这样的选择让今天的东道主受益。

纵观本场比赛，法国队可谓开局就“流年不利”。开场 118 秒，拉米失误，法国队送对方上 12 码罚球，布拉迪一击中鹄，使得法国人整个上半场都疲于追

平比分。中场休息，德尚果断换人，解放右路的格列兹曼到中路，埋伏在中锋吉鲁身后，这一招收到奇效。第58分钟，法国队策动进攻，萨尼亚右路得球，爱尔兰中卫习惯性地选择夹击对方的空霸吉鲁，但萨尼亚却精准地找到了埋伏在前点的格列兹曼，后者在没有干扰的情况下轻松头球破门，1-1！仅仅3分钟过后，爱尔兰队再次为夹击吉鲁忽略格列兹曼付出惨痛代价，科斯切尔尼长传连线俱乐部队友吉鲁，后者吸引两名爱尔兰中卫争顶后，头球架炮连线格列兹曼，格子再度中路突入无人之境，左脚低射反超比分！

格列兹曼用电光火石般的三分钟，向世人证明了他对于这支法国队的重要性。而领先后，彻底让爱尔兰人万念俱灰的依然是本场比赛状态极佳的格子：第66分钟，爱尔兰队本场比赛第三次被这块同样的石头绊倒！又是吉鲁连线格列兹曼后打开对方真空地带，并在禁区线上被最后一名防守队员绊倒，主裁判果断将达菲罚下！全场比赛，格列兹曼8次射门5次射正，58脚传球，还有4次抢断，全场最佳当之无愧！

前有帕耶的横空出世与坎特的默默无闻，后有博格巴状态的逐渐回暖，现在，在马德里竞技无所不能的格列兹曼也将自己的好状态与灵气带到了国家队，相信在接下来的比赛中重现18年前的辉煌，对于法国队来说并不是遥不可及的梦想。

赛场 德国 3-0 斯洛伐克

赛前硝烟

纵观两队此前的交手战绩，在 10 次直接对决中均分出了胜负，日耳曼战车战绩 7 胜 3 负占据上风。在正式比赛中，双方在 2008 年欧洲杯预选赛同分一组，当时德国队主客场双杀斯洛伐克队。

纵观两队此前的征程，德国队小组赛火力欠奉，只打进三球，但是还没有失球。上次德国队的失球正是 5 月 29 日对阵斯洛伐克队的友谊赛，当时日耳曼战车 1-3 意外告负。

比赛回顾

北京时间 6 月 27 日 0 时，欧洲杯 1/8 决赛德国队与斯洛伐克队的比赛在里尔拉开帷幕。开场 8 分钟，中卫博阿滕远射先拔头筹，创造德国队最快欧洲杯进球纪录。随后，戈麦斯赢得点球，厄齐尔的点球被科扎契克扑出，厄齐尔成为常规时间内首位欧洲杯射失点球的德国球员。此后，德拉克斯勒助攻，戈麦斯追平德国球员欧洲杯进球纪录。下半时，德拉克斯勒门前凌空勾射，德国队 3-0 轻取斯洛伐克队。

博阿滕厄齐尔双双造纪录，德拉克斯勒“喂饼”戈麦斯

开场仅8分钟，德国队就率先破门。克罗斯右侧任意球传入禁区，赫迪拉头球先考验了科扎契克的反应，随后克罗斯角球被后卫顶出，博阿滕不停球半凌空抽射，球碰什克里尼亚尔脚尖稍稍改变运行轨迹后飞入左下角，1-0！第13分钟，德国队险些再次将比分改写，穆勒禁区右侧挑传，戈麦斯前点争顶受到对方中卫斯科特尔的侵犯，波兰主裁判马齐尼亚克处以“极刑”！厄齐尔操刀左脚罚出门将最喜欢的半高球，科扎契克侧扑将球扑出！

第41分钟，斯洛伐克队差点儿扳平比分！佩卡里克右路传至禁区，库茨卡力压基米希头球攻门，诺伊尔飞身单手将球托出门楣。第43分钟，德国队马上惩罚了浪费机会的对手，德拉克斯勒左路晃过库茨卡突入禁区，底线倒三角回传，戈麦斯门前轻松笑纳大礼，2-0！这是戈麦斯第5个欧洲杯进球，此球也追平了“金色轰炸机”克林斯曼保持的德国球员欧洲杯进球纪录。

德拉克斯勒凌空破门，日耳曼战车兵不血刃

下半时易边再战。第 63 分钟，德国队扩大比分。克罗斯开出角球到后点，胡梅尔斯头球顶在格雷古什背上弹起，无人盯防的德拉克斯勒近距离凌空勾射破门，3-0！他是 2008 年拉姆之后，首位单场欧洲杯贡献进球及助攻的德国球员。最终，德国队 3-0 兵不血刃地拿下斯洛伐克队。

双方出场阵容

德国队

1- 诺伊尔；21- 基米希，17- 博阿滕（72 分钟，4- 赫韦德斯），5- 胡梅尔斯，3- 赫克托；6- 赫迪拉（76 分钟，7- 施魏因斯泰格），18- 克罗斯；13- 穆勒，8- 厄齐尔，11- 德拉克斯勒（72 分钟，10- 波多尔斯基）；23- 戈麦斯

斯洛伐克队

23- 科扎契克；2- 佩卡里克，3- 斯科特尔，4- 杜里察，5- 戈约姆贝（84 分钟，16- 绍拉塔）；13- 赫罗绍夫斯基，14- 什克里尼亚尔；19- 库茨卡，17- 哈姆西克，7- 魏斯（46 分钟，6- 格雷古什）；21- 杜里什（64 分钟，9- 谢斯塔克）

全场最佳：德拉克斯勒（德国）

德国 vs 斯洛伐克 比赛集锦

赛场　匈牙利 0-4 比利时

赛前硝烟

在双方此前 12 次交锋中，比利时队 8 胜 2 平 2 负，最近 4 场取得全胜。上次两队正式比赛交锋是 1982 年世界杯。匈牙利队上次击败比利时队还要追溯到 1958 年。

此役，比利时方面，主帅威尔莫茨用默滕斯取代卡拉斯科，出任首发。而匈牙利方面，小组赛末轮大轮换后，主帅施托克重新派上他信赖的主力阵容。克莱因海斯勒赛前热身时受伤，平特尔顶替其出任首发。

比赛回顾

北京时间 6 月 27 日 3 时，欧洲杯 1/8 决赛比利时队对匈牙利队的比赛在图卢兹展开。中卫阿尔德韦雷尔德接德布劳内“喂饼”先拔头筹。下半时比赛，替补前锋巴舒瓦伊接阿扎尔助攻再下一城。不到两分钟，阿扎尔接德布劳内助攻再下一城。终场前，替补前锋卡拉斯科将比分最终锁定为 4-0！

德布劳内奉献助攻，热刺中卫先拔头筹

比利时队一开场便向匈牙利队展开猛攻。第 10 分钟，比利时队即敲开对方城池。德布劳内任意球奉献精准落点，阿尔德韦雷尔德后点近距离头球破门，1-0！

此球也是这名热刺中卫 2013 年 11 月以来国家队首球。领先后，比利时队却险些自乱阵脚，门将库尔图瓦接维尔马伦回传球时不慎滑倒，球滚出底线，他庆幸当时没有站在门前，否则球将滑稽地滚进大门。上半时结束前，卢卡库左肋扮演桥头堡架炮攻城，德布劳内依旧没办法打破进球荒，他的禁区右侧射门，再次被基拉利挡出。

阿扎尔奉献一传一射，比利时大胜匈牙利

下半时双方易边再战。第 78 分钟，比利时扩大比分！德布劳内右侧角球被后卫解围，阿扎尔后点拿球晃过后卫，禁区左侧底线将球打回到禁区内，替补上场的巴舒瓦伊在门前 4 米处将球送进空门，2-0！ 98 秒后，德布劳内反击连线阿扎尔，后者左路内切晃过隆格，禁区边缘招牌射门，3-0！此球过后，阿扎尔与德布劳内均以 3 次助攻并列本届欧洲杯助攻榜首位。补时第 1 分钟，比利时队后场断球策动反击，纳因戈兰直传连线卡拉斯科，后者突入禁区左脚低射，将比

分锁定为 4-0！最终，比利时队 4-0 大胜匈牙利队，他们也创造了本届欧洲杯的赢球纪录。

双方出场阵容

匈牙利队

1- 基拉利；4- 卡达尔，20- 古兹米奇，23- 尤哈斯（80 分钟，13- 伯德），2- 隆格；8- 纳吉，10- 格拉（46 分钟，6- 艾莱克）；14- 洛夫伦契奇，16- 平特尔（75 分钟，17- 尼科利奇），7- 茹扎克；9- 绍洛伊

比利时队

1- 库尔图瓦；16- 穆尼耶，2- 阿尔德韦雷尔德，3- 维尔马伦，5- 维尔通亨；4- 纳因戈兰，6- 维特塞尔；14- 默滕斯（70 分钟，11- 卡拉斯科），7- 德布劳内，10- 阿扎尔（81 分钟，8- 费莱尼）；9- 卢卡库（76 分钟，22- 巴舒瓦伊）

全场最佳：阿扎尔（比利时）

匈牙利 vs 比利时　比赛集锦

每日一星

阿扎尔

赛前谁也不会想到比利时队会制造本届欧洲杯最大分差比赛——以4-0这样悬殊的比分击败匈牙利队。而这一惨案的缔造者无疑是红魔的头牌阿扎尔，赛后权威网站给阿扎尔打出了10分的满分。

上赛季切尔西的崩盘使得阿扎尔饱受诟病，而且还背上了逼走穆里尼奥、公开向其他球队示好的种种骂名。直到上赛季末期，阿扎尔才依稀找回一些巅峰时期的状态。

本届欧洲杯，红魔比利时队的表现备受期待。除了阿扎尔之外，他们阵中还拥有德布劳内、卢卡库、库尔图瓦这样的当红球星。而欧洲杯开赛前，由于孔帕尼确定因伤无缘本届杯赛，阿扎尔也被威尔莫茨委以队长的重任。在等待了三场比赛之后，阿扎尔终于迎来了自己的爆发。

对阵匈牙利的比赛中，阿扎尔先是把球传给3秒后的自己，晃晕后卫后助攻巴舒瓦伊，扩大比分。94秒后，他又在亮出自己左路内切后的招牌动作后晃开三名防守队员，亲自将球送进对方大门。

凭借阿扎尔的神奇表现，比利时队重新找回了信心，而阿扎尔也一扫此前在俱乐部的郁闷，重新回到他应有的水平线。下一轮比赛，比利时队将迎来贝尔领衔的威尔士队的强力挑战。而“扎球王”与“大圣”的对决将会更加吊起球迷的胃口！

赛场　意大利 2-0 西班牙

赛前硝烟

纵观两队交手战绩，自从斗牛士军团 2008 年欧洲杯点球淘汰意大利队后，西班牙对意大利的战绩开始好转。上届欧洲杯小组赛第一场，双方 1-1 握手言和，决赛西班牙队 4-0 完胜对手。2013 年联合会杯，斗牛士军团再度点球淘汰蓝衣军团。意大利队上次正式比赛战胜西班牙队还要追溯到 1994 年世界杯 1/4 决赛，当时意大利队 2-1 击败对手。此后两队各项赛事 11 次交锋，西班牙仅仅输掉一场。本场比赛是西班牙队与意大利队第六次欧洲杯交手，两队成为欧洲杯史上交手最多的球队。

意大利近四场欧洲杯淘汰赛，只有上届半决赛 2-1 击败德国队的一场比赛取得进球。36 场欧洲杯，他们单场进球从未超过两个。小组赛最后一轮，尽遣替补出战的蓝衣军团 0-1 败在爱尔兰队脚下，但球队在欧洲杯参赛史上从未遭遇过连败。

比赛回顾

北京时间 6 月 28 日 0 时，欧洲杯 1/8 决赛第 7 场意大利队与西班牙队的比赛在法兰西大球场开打。基耶利尼上半场打破僵局，下半时，德赫亚扑出埃德尔的单刀，皮克射门被布冯神奇挡出。终场前，佩莱凌空卧射锁定胜局。

比赛落入意大利熟悉节奏，德赫亚高接低挡力保城门

本场比赛双方在大雨中开打。一开始比赛便落入意大利队熟悉的节奏中。第 8 分钟，意大利队险些首开纪录，弗洛伦齐左侧任意球传至禁区，佩莱后点近距离头球攻门，德赫亚反应神速单手将球挡出底线。第 11 分钟，意大利队再次获得绝佳良机。弗洛伦齐右侧禁区角策动进攻，佩莱后点头球接力回禁区中央地带，贾凯里尼心领神会，在门前点球点处倒钩被德赫亚挡了一下，球击中门柱弹出！第 20 分钟，西班牙终于迎来第一脚射门，诺里托与席尔瓦左路配合后回拨，法布雷加斯禁区边缘大力轰门被德西利奥堵枪眼。第 33 分钟，意大利队的努力终于取得回报！德罗西精准长传，佩莱背身拿球被拉莫斯放倒，埃德尔任意球大力轰门，德赫亚不慎脱手，贾凯里尼跟进补射被德赫亚放倒，基耶利尼赶在皮克解围前将球送进空门，1-0！这是西班牙队 2006 年世界杯对法国队后首粒大赛淘汰赛失球。基耶利尼此球也打破了西班牙队连续 10 年大赛淘汰赛不失球的纪录。意大利队此前欧洲杯 19 次先进球，只有 2000 年决赛被法国队金球绝杀，除此之外全部全身而退。

佩莱门前凌空勾射，卫冕冠军遗憾出局

下半时，西班牙战术角球配合，法布雷加斯左路传中，莫拉塔在门前 6 米处头球攻门，皮球被布冯没收。此时，西班牙队禁区内增加高点，渐渐在进攻中掌握主动，眼见意大利队形势不妙，孔蒂用控制力强的莫塔换下老将德罗西，意图加强中场争夺。第 55 分钟，意大利队再次觅得良机！佩莱脚后跟妙传埃德尔，后者单刀突入禁区，距门 10 米处推射，再次被德赫亚出击化解！第 70 分钟，西班牙队打出本场比赛少有的流畅配合，法布雷加斯左路低传被伊涅斯塔漏过，阿杜里斯在门前左脚推射，皮球稍稍偏出左侧门柱。

第 89 分钟，西班牙队迎来绝佳机会。德赫亚大脚传球，意大利后卫头球解围失误，皮克在门前 7 米处凌空垫射被布冯神勇化解！补时第 1 分钟，意大利队彻底扼杀了比赛悬念，因西涅左路大范围转移找到达米安，后者禁区右侧直传碰后卫弹起，佩莱复制了小组赛第一场比赛对比利时队的动作，在门前 4 米处凌空勾射破门，2-0！最终，全场比赛结束，意大利队 2-0 击败西班牙队，终结 1994 年以来对西班牙队正式比赛不胜的历史，1/4 决赛将迎战德国队。

双方出场阵容

意大利队

1- 布冯；15- 巴尔扎利，19- 博努奇，3- 基耶利尼；8- 弗洛伦齐（84 分钟，4- 达米安），18- 帕罗洛，16- 德罗西（54 分钟，10- 莫塔），23- 贾凯里尼，2- 德西利奥；9- 佩莱，17- 埃德尔（82 分钟，20- 因西涅）

西班牙队

13- 德赫亚；16- 胡安弗兰，3- 皮克，15- 拉莫斯，18- 阿尔巴；10- 法布雷加斯，5- 布斯克茨，6- 伊涅斯塔；21- 席尔瓦，7- 莫拉塔（70 分钟，9- 巴斯克斯），22- 诺里托（46 分钟，20- 阿杜里斯）（81 分钟，11- 佩德罗）

全场最佳：博努奇（意大利）

意大利 vs 西班牙　比赛集锦

赛场 英格兰 1-2 冰岛

赛前硝烟

在历史上，两队一共交手 3 次，两次热身赛英格兰人取得 1 胜 1 平。上次两队交手还要追溯到 12 年前，英格兰队在曼彻斯特 6-1 大胜冰岛队，鲁尼梅开二度。自 2008 年 2-3 负于克罗地亚队之后，英格兰队近 25 场正式比赛的运动战时间内取得 18 胜 7 平，保持不败金身。

比赛回顾

北京时间 6 月 28 日 3 点，2016 年欧洲杯第 8 场 1/8 决赛英格兰队与冰岛队的比赛在尼斯体育场拉开帷幕。鲁尼点球为英格兰队取得梦幻开局，此后，冰岛队连入 2 球逆转比分。最终，英格兰队 1-2 不敌冰岛队，爆出本届欧洲杯一大冷门。

鲁尼点球助三狮先拔头筹，冰岛手榴弹 + 抢射实现反超

比赛一开场，英格兰队便攻得很顺。第 4 分钟，英格兰取得梦幻开局。斯特林禁区内突破摆脱塞瓦松，哈尔多松出击稍慢将其放倒，裁判果断吹罚点球！鲁尼操刀命中，1-0！但好景不长，2 分钟后，冰岛人便用英超联赛斯托克城队擅长的方式扳平比分，贡纳松化身德拉普，大力“手榴弹”界外球掷入禁区，奥尔纳松头球接力，无人防守的拉格纳·西古德森近距离扫射扳平比分！

此后，英格兰队开始自乱阵脚。第 18 分钟，冰岛人抓住机会反超比分，伯兹瓦尔松助攻，西博尔松面对两人封堵果断起脚低射，皮球从人缝中钻出直奔球门，乔・哈特扑救稍慢，碰到皮球却将其漏入大门，2-1！冰岛人不到半个小时便实现逆转。此时，落后的英格兰队如梦方醒，开始展开反攻。第 38 分钟，英格兰险些扳平！哈里・凯恩任意球传至禁区，斯莫林小禁区右侧的头球攻门稍稍偏出球门。上半场比赛结束，英格兰队先赢后输，1-2 暂时落后。

冰岛队稳守反击，英格兰无力回天

下半场比赛，双方易边再战。戴尔被威尔谢尔顶替。冰岛队则众志成城摆下铁桶阵，英格兰队的进攻再次陷入困局。第 55 分钟，冰岛队险些扩大比分。拉格纳・西古德森小禁区边缘角球混战中的倒钩射门被乔・哈特挡出。随后，英格兰队打出第二张牌，斯特林被瓦尔迪换下。鲁尼挑传，威尔谢尔 25 码外凌空抽射同样没办法命中靶心。第 84 分钟，贡纳松禁区右肋晃过威尔谢尔后射门，乔・哈特奋力挡出。最终，英格兰队 1-2 被冰岛队拿下，爆冷出局！球员和球迷落寞离场。冰岛队则历史性地闯入八强，下一场比赛将对战东道主法国队。

双方出场阵容

英格兰队

1- 乔·哈特；2- 凯尔·沃克，5- 卡希尔，6- 斯莫林，3- 丹尼·罗斯；20- 阿里，17- 戴尔（46 分钟，18- 威尔谢尔），10- 鲁尼（86 分钟，22- 拉什福德）；15- 斯图里奇，9- 哈里·凯恩，7- 斯特林（60 分钟，11- 瓦尔迪）

冰岛队

1- 哈尔多松；2- 塞瓦松，6- 拉格纳·西古德森，14- 奥尔纳松，23- 斯库拉松；7- 格维兹门松，17- 贡纳松，10- 吉尔维·西古德森，8- 比基尔·比亚尔纳松；9- 西博尔松（77 分钟，18- 埃尔马·比亚尔纳松），15- 伯兹瓦尔松（89 分钟，21- 特劳斯塔松）

全场最佳：拉格纳·西古德森（冰岛）

英格兰 vs 冰岛 比赛集锦

德赫亚：他取代卡西，战胜布冯

尽管卫冕冠军西班牙队没有闯过意大利队这一关，但西班牙门将德赫亚却可以高昂着头像英雄一样离开。曼联门神是西班牙队内为数不多发挥抢眼的球员，本场比赛若不是他，西班牙队可能会败得更惨。

回到本场比赛中，德赫亚第8分钟便开始了绝佳的发挥。弗洛伦齐左侧任意球传中，佩莱近距离头球冲顶右下角，德赫亚反应神速单手将危险化解于无形。第11分钟，又是弗洛伦齐右侧禁区挑传中央，佩莱后点头球顶回中路，贾凯里尼在门前10米处倒钩被德赫亚神奇扑出！上半时结束前，佩莱分球贾凯里尼，后者的射门再次被德赫亚化解。有球迷调侃，对阵意大利队的不是西班牙队，而是曼联，因为在曼联被称为“大腿”的德赫亚已在英超封神。第55分钟，德赫亚再次门神附体，埃德尔单刀突入禁区右侧，近距离推射再次被德赫亚出击封堵。比赛最后阶段，博努奇策动快速反击，因西涅突破防守射门，还是没能够过德赫亚这一关！

斗牛士军团回家了，从门将的层面来说，本届杯赛出任首发的德赫亚虽然丢掉两球，但是在与布冯的直接比较中赢得了尊重。而赛后德赫亚也引来了无数媒体和球迷的赞誉。前利物浦名将丹尼·墨菲慨叹：“比赛进程出乎意料，不过德赫亚的表现并不是，他再次展现了不可思议的扑救。”前英格兰国脚耶纳斯也说：“德赫亚闪耀的扑救，避免了西班牙丢更多的球。”

本届欧洲杯，西班牙虽然没能卫冕，但是我们看到了德赫亚的成功上位，一如 2002 年的卡西利亚斯。沧海桑田，德赫亚如此出色的表现也使得为西班牙守了 10 多年龙门的卡西利亚斯成为历史。江山代有人才出，各领风骚数百年，西班牙门将位置正式进入了德赫亚的时代！

赛后焦点

再见，西班牙

当斗牛士军团带着卫冕之师的荣耀，踏上浪漫的法兰西大地时，在他们心中只有一个战场，那就是7月11日的法兰西大球场。然而，谁也没有料到，当他们迎着骄阳第一次走进这座足球圣殿时，却要为了继续生存而苦苦挣扎。这是一群曾经数次征服世界的斗牛士，高傲而又骁勇善战，但是，一个出色的斗牛士，最终的结果，都会被公牛狠狠刺伤。今晨的意大利队，就是一头愤怒的公牛，它毫无征兆地冲破牛栏，用两只锋利的牛角刺穿了斗牛士的胸膛。圣丹尼，本来是西班牙人梦中至高的“斗兽场”，却瞬间成为了告别梦想的落寞伤心地。

8年前的维也纳，斗牛士用华丽的舞步拉开了红色王朝的序幕，那时候，他们踢的是自己的足球。6年前的约翰内斯堡，小白伊涅斯塔加时赛的致命一击，让斗牛士第一次举起大力神杯，成为第8支征服世界的王者之师，那时候，他们踢的是自己的足球。4年前的基辅，当卡西利亚斯第二次将德劳内杯举向夜空时，西班牙完成了史无前例的大赛三连冠。几乎所有人都认为，斗牛士的红色王朝已经不可颠覆，西班牙足球的华美乐章将继续在世界足坛的圣殿回响，那时候，他们踢的依然是自己的足球。

本届欧洲杯小组赛最后一轮对阵克罗地亚队，莫拉塔的进球麻醉了斗牛士的神经，他们放下了防御的铠甲，却不料在下半场遭遇了格子军团嗜血的一剑封喉。博斯克如父亲般安慰着自己的孩子，从莫拉塔到拉莫斯，从德赫亚到伊涅斯塔，从诺里托到皮克，穿越八载征途，他们从始至终坚持着自己，却发现已经换了世界，他们不再熟悉。

再见西班牙，请挺起你们的胸膛，因为阿尔卑斯的山谷之间始终封存着来自伊比利亚的交响；再见西班牙，请抬起你们的头颅，因为南非无际的草原上空，斗牛士的荣耀书写了传奇的名著；再见西班牙，请继续放声高歌，因为基辅静谧

的星夜，你们抒写的是伟大的三连冠乐章。今天的巴黎，请不要让爱你的人悲痛，因为红色王朝的背影会永远闪耀在圣丹尼的夜空。无论这是不是一个时代的结束，感谢你们在我们的足球记忆里留下的重彩浓墨。伊比利亚半岛的东岸，德赫亚、莫拉塔、巴斯克斯们，脚踏实地，回归现实，未来的西班牙不一定能成为霸主，却有能力给世界足坛带来冲击力。

赛后焦点

欲把相思说似谁，浅情人不知——致贝克汉姆

当英格兰队再次失望地被名不见经传的冰岛队淘汰时，球迷们想到的是上一次英格兰队淘汰赛获胜，还要追溯到遥远的10年前。那是2006年世界杯1/8决赛，英格兰对厄瓜多尔，那个熟悉的名字，那道久违的贝氏弧线帮助英格兰队打进八强！那是大卫·贝克汉姆！

怀念的，终无从怀念！

生活中，有些人，就像大卫·贝克汉姆，他在时，大多数球迷对他的态度，更多的是挑剔、是苛责、是嫉妒……当他远走时，又充满怀念。

就像是一个在你身边的，或亲人或爱人，你不会特别珍惜。当他远走后，你又开始想念，甚至追悔莫及……剪不断，理还乱，很难说清。

13年前，那张贝克汉姆眉骨破裂的大幅照片风靡全球，创可贴衬着血印的面庞，写满了不加掩饰的愤懑和倔强。作为红军球迷，我冷眼旁观，内心却在感叹着，他在曼联还能待多久？

大家知道，在92班里，苏格兰老头儿格外看中大卫的才华。无论在赛场内外经历怎样的口诛笔伐，只要回到卡灵顿，这个铁骨铮铮的“死”老头儿都会为他撑腰。他是曼联7号，是死敌的英雄，我敬他是条汉子。和杰拉德之于红军一样，曼联就应该是他的家。难道不是吗？

可彼时英伦，有位“辣妹”，萦绕左右。从他们

第一次约会开始，曼联的更衣室就失去了往昔的纯粹，露出了无可弥补的裂痕。一个视小贝为自己的螟蛉义子，一个视弗爵为自己的严师慈父，却让一只失控的球鞋带走了温情，让一个局外的女子隔开了距离。我本以为，他应如罗伊·基恩，必心中愤懑。可十几载春秋去，他说，弗格森是最伟大的主教练，如同自己的父亲。那些爱恨，早已释然……

那些争论和非议，又何止停留在俱乐部？倒退18年，1998年世界杯他冲动的那一脚，踹出了英格兰的一个小丑、全民公敌。那一年他年方二十有三，本是最受器重的未来储君，肩负着球迷给予的无限期望。

2004年欧洲杯，他一脚将点球踢向天际，踢出了全世界的冷嘲与热讽。那一年他已是战舰元帅，那一年阵中其他巨星风华正茂，也许该率领那一批天之骄子赢得些什么，以满足球迷们每次给予的，与实力不符的奢望。

2006年世界杯，他最后一次出现在世界大赛赛场，却任由泪水滑过衣衫与你我的心间。滑走的，是那梦中的大力神杯。那一年他已三十有一，在德意志那个美丽的夏季，他作为领袖，承受着全世界英迷又一次的失望……

如今再看，现在的英格兰。那些年对于小贝的争执、嘲讽、失落，抵不上对于之前、现在或未来，对于这支球队偏执的失望。作为球迷，我们只能告诉自己，这支球队还没有被淘汰，仅此而已……

他和弗老头的故事，他在国家队的境遇，那些复杂的情愫，那些道不尽的委屈，爱或恨，喜或忧，都留在了那些美或不美的记忆里。而只有足球，还在法兰西，还在世界各地不断滚动、前行。

还记得那年，他留着帅气的莫西干，迷醉了一整个国家。还记得那天，他那脚弧线，诠释的是球场上永不停歇的岁岁年年！

赛场　波兰 4-6 葡萄牙

赛前硝烟

两队此前两次大赛相遇：1986 年世界杯波兰队 1-0 战胜葡萄牙队；2002 年世界杯葡萄牙队 4-0 大胜波兰队。近 3 场与葡萄牙队的交锋，波兰队 1 胜 2 平保持不败。2012 年 2 月是两队最近一次交锋，双方在华沙战成 0-0。

波兰队此前仅打进三球，是八强中进球最少的球队。头号球星莱万在欧洲杯连续 643 分钟不进球，但波兰队本届欧洲杯从没有比分落后过。如果本场比赛波兰队晋级，将追平本队大赛最佳战绩，此前他们曾在 1982 年世界杯打进四强。而葡萄牙方面，自 1996 年以来，他们是唯一连续 6 届打进欧洲杯八强的球队。本场比赛如能晋级，将是他们近 7 届第 5 次晋级半决赛。

比赛回顾

北京时间 7 月 1 日 3 时，欧洲杯 1/4 决赛第一场葡萄牙队与波兰队的比赛在马赛打响。莱万开场 100 秒闪电破门，创造欧洲杯史上第二快进球纪录。此后，18 岁 317 天的拜仁新援雷纳托 · 桑切斯左脚内切爆射，攻入国家队处子球。葡萄牙队与波兰队 120 分钟战成 1-1 平，点球大战中，库巴的点球被帕特里西奥扑出。葡萄牙队点球大战中 5-3 胜出，率先晋级四强。

莱万闪击葡萄牙，桑切斯爆射扳平比分

赛前，双方将士为土耳其机场爆炸死难者默哀。开场仅仅 100 秒，波兰队便取得梦幻开局。波兰队长传转移，塞德里克出现失误冒顶，格罗西基左路得球突入禁区传回中路，莱万在门前推射先拔头筹，1-0！凭借此球，莱万终于打破个人 645 分钟的欧洲杯进球荒。而此球也是欧洲杯历史上第二快的进球，第一快的进球来自 2004 年欧洲杯俄罗斯队基里琴科 67 秒的破门。此后，葡萄牙队开始反攻。首发出战的小将雷纳托·桑切斯左路策动进攻，塞德里克禁区右侧传至中路，C 罗在门前 12 米处半凌空抽射被后卫堵枪眼。随后 C 罗任意球继续射人墙，他在大赛 41 次主罚任意球还未有任何收获。

第 33 分钟，葡萄牙队迎来进球！桑切斯右路内切策动进攻，纳尼禁区右侧架炮，桑切斯在门前觅得良机，左脚爆射，皮球碰到科雷霍维亚克身体稍稍变线直蹿右下角，1-1！凭借此球，桑切斯也成为欧洲杯淘汰赛最年轻的进球者。此外，桑切斯不但为葡萄牙队打进一粒精彩的进球，而且他高达 94.4% 的传球成功率也成为上半场两队传球成功率最高的球员。葡萄牙队上半时仅有 1 次铲断成功，也

是来自这名小将。而献上此次助攻之后，纳尼也成功参与了葡萄牙队本届欧洲杯半数的进球。上半场比赛结束，双方暂时 1-1 打平。

C 罗浪费绝佳良机，库巴失点波兰出局

双方易边再战，皮什切克右路传至禁区，莱万在塞德里克贴身干扰下头球攻门，被帕特里西奥轻松摘下。纳尼左路直传，C 罗并未传中，而是直接小角度射门，皮球击中边网。随后，佩佩中路连线 C 罗，耶德泽齐克奋力回追，禁区前沿铲球解围险些自摆乌龙。此后，C 罗浪费了机会。他在点球点处接穆蒂尼奥恰到好处的传球，左脚凌空踢飞，复制了与冰岛队一役的情形。最终两队 90 分钟战平，进入加时赛。

加时赛中，左后卫埃利塞乌传至禁区，C 罗中路左脚外脚背射门再次失误，皮球打在脚后跟上弹到身后，他自己也摇头表示无奈。加时赛下半场，一名 C 罗球迷冲进场内狂奔，但他还没有跑到 C 罗身边时，便已经被保安制服，制造了一个小花絮。

最终，双方 120 分钟战成平局，不得不进入点球大战。

第 1 轮，双方王牌出场。C 罗劲射入左下角，莱万冷静打进右下角，1-1。

第 2 轮，桑切斯打左上角，米利克左脚打左下角，2-2。

第 3 轮，穆蒂尼奥和格利克均打进左下角，3-3。

第 4 轮，纳尼打右上角，库巴打右下角被帕特里西奥飞身扑出，4-3！

第 5 轮，夸雷斯马打进左上角，5-3！

双方出场阵容

波兰队

22- 法比安斯基；20- 皮什切克，15- 格利克，2- 帕兹丹，3- 耶德泽齐克；16- 库巴，10- 科雷霍维亚克，5- 马辛斯基（98 分钟，6- 约德沃维茨），11- 格罗西基（82 分钟，21- 卡普茨卡）；7- 米利克，9- 莱万多夫斯基

葡萄牙队

1- 帕特里西奥；21- 塞德里克，3- 佩佩，4- 丰特，19- 埃利塞乌；10- 若昂 · 马里奥（80 分，20- 夸雷斯马），14- 威廉 · 卡瓦略（96 分钟，13- 达尼洛），16- 雷纳托 · 桑切斯，23- 阿德里安 · 席尔瓦（74 分钟，8- 穆蒂尼奥）；17- 纳尼，7-C. 罗纳尔多

全场最佳：雷纳托 · 桑切斯（葡萄牙）

波兰 vs 葡萄牙 比赛集锦

每日一星

桑切斯

欧洲杯开幕前，所有人对葡萄牙队的关注都集中在C罗能否带领这支球队一路向前并打破一系列纪录。而如今，人们谈论的焦点变成了中场新核16号雷纳托·桑切斯。

当这个稚气未脱的年轻人第一次走进欧洲杯的赛场，没有人会想到他将在欧洲杯的舞台上绽放如此耀眼的光芒。上场对阵克罗地亚队的比赛，正是桑切斯替补出场，为葡萄牙队在加时赛策动绝杀进球，淘汰了克罗地亚队。本场对阵波兰队的比赛中，开场仅100秒，葡萄牙队便被波兰队的“闪电战”攻破城池。此后，球队头牌C罗显然是对手的重点“照顾”对象，本场被盯牢的C罗难有上乘发挥。第33分钟，桑切斯站了出来。纳尼脚后跟妙传准确找到了禁区前沿的桑切斯，只见小将接球后大胆内切中路稍作调整，直接起左脚爆射，皮球直挂死角！18岁317天，桑切斯打进自己在国家队的处子进球，同时也创造了欧洲杯淘汰赛最年轻进球者的纪录。

本场桑切斯的惊艳还不止于此。在令人窒息的点球大战中，桑切斯主动请缨，要求在C罗之后主罚第二个点球。而他也稳稳地将球射入左上角，为球队稳定了军心。

此外，桑切斯在中场的调度，虽然效果不如进球那样明显，但对于球队的作用却十分关键。他全场 98 次触球，传球成功率高达 93.8%，这两项数据都是全队最高。7 次成功突破、3 次抢断和 3 次拦截的数据使得葡萄牙队牢牢占据中场优势。这个年轻人用一次次惊艳的表现，为葡萄牙队增加了多种可能，也为人才凋零的葡萄牙队注入了一丝活力。

葡萄牙人一直在寻找 C 罗的接班人，如今连 C 罗本人都将票投给了年轻的桑切斯。马上年满 19 岁的他已经做好准备，带领葡萄牙队创造新的辉煌！

赛场　威尔士 3-1 比利时

赛前硝烟

威尔士队和比利时队历史上交锋共 12 次，比利时队 5 胜 3 平 4 负稍占上风。在双方近 6 次正式交锋中，威尔士队仅仅取得一场胜利，比利时队则取得 3 胜 2 平的成绩。

此役，比利时后卫维尔通亨和维尔马伦因伤双双缺阵，德纳耶尔和 J. 卢卡库领命出战，马竞前锋卡拉斯科首发出场。威尔士方面，卡努首发出战，队长阿什利 · 威廉姆斯及时伤愈，继续统领后防线。

比赛回顾

北京时间 7 月 2 日 3 时，2016 年欧洲杯第二场 1/4 决赛，威尔士队与比利时队的比赛在皮埃尔 · 莫鲁瓦球场打响。阿扎尔助攻纳因戈兰，后者打入精彩远射。此后，拉姆塞先后助攻阿什利 · 威廉姆斯和罗布森 · 卡努将比分反超。终场前，替补出场的沃克斯扩大比分。威尔士队 3-1 击败比利时队，半决赛将上演贝尔大战 C 罗的皇马“两亿”内战。

纳因戈兰世界波先拔头筹，威尔士队长头槌中鹄

比赛一开场，威尔士队便拼抢激烈。第 7 分钟，比利时队险些进球，卢卡库

反击中禁区左侧传到中路，无人防守的卡拉斯科近距离射门被亨尼西出击封堵，随后尼尔·泰勒门线前力保大门不失，阿扎尔点球点处劲射又被乔·阿伦封堵。顶过对方两板斧，但是没能逃过第三板。第13分钟，比利时队敲开对手大门，阿扎尔左路内切回传禁区前沿，埋伏在禁区前的纳因戈兰打出一记穿云箭，亨尼西无可奈何，皮球直挂球门左上角，1-0！收获助攻的阿扎尔也成为2000年欧洲杯德罗维克之后，首位单届赛事献上4次助攻的球员。

此后，威尔士队频频犯规，这也为他们带来了黄牌加身的命运。第26分钟，威尔士队险些扳平比分，贝尔策动进攻，拉姆塞切入禁区传至中路，尼尔·泰勒跟上近距离推射，被库尔图瓦神勇扑出！第30分钟，威尔士人的努力终于收到回报。拉姆塞开出角球，无人防守的队长阿什利·威廉姆斯小禁区头槌中鹄，1-1！随后，比利时队卡拉斯科禁区右侧战术角球传中，亨尼西出击稍稍碰到，皮球改变方向，卢卡库近距离错过打空门的良机。

卡努假动作轻松破门，替补沃克斯锁定胜局

下半场易边再战。自知防线不稳的比利时人开始用进攻压制对手。第48分钟，比利时队错过反超机会，阿扎尔和费莱尼连续传球，穆尼耶右路传中，无人防守的卢卡库小禁区边缘头球攻门，皮球稍稍偏出。随后，德布劳内右路25码处左脚抽射，皮球又稍稍高出横梁。浪费机会的比利时人随后遭到惩罚，第55分钟，又是拉姆塞禁区右侧边缘传回禁区中央，罗布森·卡努背身拿球面对两人紧逼，做出向左路分球的假动作后，他用克鲁伊夫的招牌拉球转身摆脱，令防守队员措手不及，随后面对库尔图瓦轻松打进，2-1！

此球变成了本场比赛的分水岭。

第 74 分钟，比利时队再次错过机会，阿尔德韦雷尔德右路传中，费莱尼发挥空中优势，近距离力压切斯特头球攻门，皮球擦右侧立柱偏出。第 85 分钟，威尔士人彻底终结了比赛，冈特右路传球，替补登场的沃克斯抓住对方后卫冒顶之际，抢在阿尔德韦雷尔德之前头球甩入远角，3-1！最终，全场比赛结束，威尔士队 3-1 淘汰比利时队，进军四强！

双方出场阵容

威尔士队

1- 亨尼西；5- 切斯特，6- 阿什利 · 威廉姆斯，4- 本 · 戴维斯；2- 冈特，7- 乔 · 阿伦，16- 乔 · 莱德利，10- 拉姆塞（90 分钟，19- 科林斯），3- 尼尔 · 泰勒；9- 卡努（80 分钟，18- 沃克斯），11- 贝尔

比利时队

1- 库尔图瓦；16- 穆尼耶，2- 阿尔德韦雷尔德，15- 德纳耶尔，21-J. 卢卡库（75 分钟，14- 默滕斯）；4- 纳因戈兰，6- 维特塞尔；11- 卡拉斯科（46 分钟，8- 费莱尼），7- 德布劳内，10- 阿扎尔；9-R. 卢卡库（83 分钟，22- 巴舒瓦伊）

全场最佳：贝尔（威尔士）

威尔士 VS 比利时　比赛集锦

绝对巨星

“大圣” 贝尔

虽然威尔士队的实力常年在英伦三岛的四支球队中排名老末，但这支球队从来都不缺乏统治世界足坛的绝对巨星——伊恩·拉什、马克·休斯、吉格斯……由于整体实力有限，这些巨星都没有能够帮助威尔士队打进世界大赛。而一个叫加雷斯·贝尔的人在多年之后，完成了众多前辈未完成的事业，帮助威尔士队历史上第一次打进欧洲杯正赛。

本届欧洲杯，威尔士队中虽然有利物浦名将乔·阿伦、阿森纳天才拉姆塞，但更多的威尔士球迷还是将希望寄托在了头号球星贝尔身上。在完成自己国家队处子秀十载之际，加雷斯·贝尔，这名威尔士巨星再次帮助威尔士队完成了不可能完成的任务。他们 3-1 击败了星光熠熠的比利时队，昂首进军 2016 年欧洲杯四强。

从一名边后卫，到一名边锋，再到一名能够适应前场多个位置的全能型攻击手，贝尔的改变给球迷们带来了太多的惊喜。2007 年，贝尔加盟热刺，在时任球队体育总监科莫利的帮助下，他与热刺签下了一份为期五年的合约。但持续的伤病和球队的动乱让贝尔在那段时间看不到未来的希望，好在时任球队主帅老雷德克纳普的信任和调教，使得贝尔开始逐渐崭露头角。2009—2010 赛季成为贝尔职业生涯重要的转折点。2009 年 12 月，在热刺 2-0 战胜西汉姆联的比赛中，时任左后卫的贝尔在埃克托受伤的情况下，抓住了属于自己的机会，在比赛中展现出了令人疯狂的能力。

也就是从那时开始，贝尔开启了自己职业生涯的全新篇章，开始不断地在英超赛场上绽放自己的光芒。同时，也正是由于贝尔出色的发挥，最终热刺在2008—2009 赛季末收获了渴望已久的欧冠席位。而随后的故事，更加被球迷们所熟知，他在欧冠中“打爆”国际米兰，在英超拿到赛季最佳球员，转会皇马并帮助球队收获欧冠等一系列奖杯。

如今，作为威尔士队的头牌，贝尔将继续带领威尔士向胜利前进。24 年前是丹麦童话，12 年前是希腊神话。如今，谁能保证威尔士不会再创造一个轮回的“猴年神话”呢？

赛场 德国 7-6 意大利

赛前硝烟

在正式比赛中，意大利队可谓德国队的苦主。此前意大利对德国 4 胜 4 平保持不败，4 场淘汰赛曾有 2 次进入加时赛，从未进入点球战，而且保持全胜。四年前的欧洲杯半决赛，凭借巴洛特利的梅开二度，意大利队 2-1 淘汰德国队，那也是德国近 17 场大赛的唯一一次失利。自从 2004 年欧洲杯小组赛出局后，德国连续 5 届大赛杀进四强。两队的最近一次交锋发生在今年 3 月，意大利队在客场慕尼黑 1-4 被德国队“血洗”，这场比赛也是 1995 年 6 月以来蓝衣军团首次负于德国。

比赛回顾

北京时间 7 月 3 日凌晨 3 时，欧洲杯 1/4 决赛德国队对意大利队的比赛在波尔多展开较量。厄齐尔为德国队首开纪录，博阿滕禁区内手球，博努奇点球扳平。点球大战进行了 9 轮，诺伊尔扑出达米安点球，左后卫赫克托一蹴而就！德国队淘汰意大利队晋级半决赛。

赫迪拉开场后意外受伤，小猪追平克洛泽出场纪录

赛前双方球员为伊斯坦布尔机场恐怖袭击遇难者默哀。开场后，意大利队继

续按照自己的节奏进行，连续在前场获得角球机会，帕罗洛长传禁区找到贾凯里尼，后者在门前转身左脚射门，被博阿滕堵枪眼封堵。随后，赫迪拉向场边示意自己受伤，施魏因斯泰格替补出场，从诺伊尔手中接过队长袖标，这是他第 37 场代表德国队征战大赛，追平神锋克洛泽此前保持的纪录。随后，场上出现流血事件。埃德尔在对方禁区逼抢时被博阿滕肘部击中鼻子，随后血流不止，不得不到场边接受紧急处理。第 27 分钟，德国队打进一球！胡梅尔斯左路策动进攻，施魏因斯泰格后点力压德西利奥顶进远角，但裁判示意小猪此前推人在先，进球无效。

厄齐尔首开纪录，博努奇点射扳平

下半时易边再战，第 9 分钟，德国队险些破门。小猪送出过顶长传，戈麦斯禁区内轻描淡写地架炮，穆勒在门前 14 米处左脚劲射，弗洛伦齐后门柱精彩飞身将球扑出底线！第 65 分钟，德国队率先打破僵局。诺伊尔大脚将球开到前场，弗洛伦齐头球解围失误，穆勒将球分到左侧戈麦斯脚下，后者沿边线行进，突然传给肋部插上的左后卫赫克托，后者禁区左侧回传，球碰博努奇稍稍变线，厄齐

尔抢点近距离左脚推射攻破布冯十指关，1-0！

此后意大利队攻势渐起。第74分钟，德西利奥左路传球，佩莱近距离左脚打门稍稍偏出。第77分钟，意大利获得意外惊喜！弗洛伦齐右侧开出角球，再度得球后传向禁区，基耶利尼禁区内争顶，背后防守的博阿滕双手抬起碰到皮球，主裁判考绍伊果断判罚点球！中卫博努奇稳稳将球罚进右下角，1-1！这是博努奇国家队的第四粒进球。同时，他也终结了诺伊尔本届杯赛492分钟不失球的纪录。此后，弗洛伦齐受伤被达米安换下。最终，双方90分钟比赛结束，而两个进球也是两队下半时仅有的射正。

加时赛中，佩莱踩踏博阿滕，被黄牌警告。随后，穆勒斥责基耶利尼诈伤，两人发生摩擦，布冯上前劝解。此后，小猪带球时抬手击中因西涅面部，裁判再出一张黄牌。最后时刻，孔蒂用扎扎换下基耶利尼，准备点球大战。双方120分钟战罢，总共领到7张黄牌，只得进入点球大战，这也是两队首次大赛以点球决胜！

第1轮，因西涅骗过诺伊尔，打大门右侧，克罗斯打左上角，1-1。

第2轮，特意出场射点球的扎扎奇怪的小碎步后，左脚抡飞！穆勒随后推射被布冯神勇扑出！1-1。

第3轮，巴尔扎利打右下角，厄齐尔左脚击中门柱！2-1。

第4轮，佩莱射门偏出，德拉克斯勒打右下角，2-2。

第5轮，博努奇打左下角被诺伊尔扑出，小猪右脚居然打飞，错过绝杀。2-2。

第6轮，贾凯里尼打球门顶端，胡梅尔斯打右下角，3-3。

第7轮，帕罗洛打中路，小将基米希打左下角，4-4。

第8轮，德西利奥击中横梁下沿弹进左

下角，博阿滕打大门左侧，5-5。

第9轮，达米安推射右下角被诺伊尔扑出！赫克托打右下角一蹴而就，德国队点球淘汰意大利队晋级半决赛！

双方出场阵容

德国队

1- 诺伊尔；4- 赫韦德斯，5- 胡梅尔斯，17- 博阿滕；21- 基米希，6- 赫迪拉（16 分钟，7- 施魏因斯泰格），18- 克罗斯，3- 赫克托；13- 穆勒，8- 厄齐尔；23- 戈麦斯（72 分钟，11- 德拉克斯勒）

意大利队

1- 布冯；15- 巴尔扎利，19- 博努奇，3- 基耶利尼（121 分钟，7- 扎扎）；8- 弗洛伦齐（86 分钟，4- 达米安），14- 斯图拉罗，18- 帕罗洛，23- 贾凯里尼，2- 德西利奥；9- 佩莱，17- 埃德尔（107 分钟，20- 因西涅）

全场最佳：帕罗洛（意大利）

德国 vs 意大利　比赛集锦

绝对巨星

蓝色军团二十余年的守护神——布冯

在与德国队的生死战开始之前，布冯说，他不希望这场比赛成为他欧洲杯的绝唱。其实，布冯不想走。输掉比赛后，眼含泪水，布冯仿佛在不舍地说：下次我们仍有机会。只是下次，又一个四年后，布冯会在哪里？

昨夜，波尔多燥热的空气一分一分地消耗着两队残存的气力，却一点儿一点儿积蓄着双方点球大战的能量。在厄齐尔进球之前，蓝色的意大利队坦然地组织着防守，好像在进行一场提前设定好的游戏。因为他们相信球队中最稳定的元素来自后防。

从 1995 年出道的一刻，到 2006 年捧起大力神杯的瞬间，到这个哀伤的夜晚，他是整个亚平宁球队二十余年唯一的守护神。十年前的德国，7 战功成，他没有一次被对手在运动战中进球。四年前决赛的基辅，连吞四弹的布冯站在场边，无奈地看着自己曾经守护的城墙一次一次地被对手刺穿，却无能为力。布冯见证了意大利足球 21 世纪的开篇，今夏，他又怀着满心的期望走上法国的战场，这一次他身边早已没有了卡纳瓦罗、内斯塔、赞布罗塔、格罗索，甚至没有了皮尔洛、小兄弟维拉蒂，但是平民化的意大利队阻挡不了这颗勇敢的心，他要亲自守卫这份蓝色的尊严。

他是球场上冷峻的普契尼，岁月流逝之间，却无时无刻不在谱写上乘的艺术佳作。这些年太多的大赛，看着球场上的胜败无常，他只是拍一拍手套，或转身离去，或重新再来，好像什么也没有发生过。专注足球的布冯，就如一枚定海神针，让听者静，观者醉。而十年前的柏林，他神勇地扑出齐达内的头球，坚毅地威慑力致使俱乐部队友特雷泽盖罚失点球，却在赢得胜利的时刻尽显低调的王者之气。面对今晨德国人的纠缠，布冯仍然神勇地扮演着意大利最稳定的一环，尽管他拼尽所有的力气扑出穆勒的点球，想去复制那个逢德不败的传奇神话，却最终只能勾勒出想象中的图兰朵。

38 岁，这不是布冯的告别礼，虽然已经告别欧洲杯，但是两年后他还想去俄罗斯重现当年佐夫的传奇。我们依然爱你，虽然你早已随年华老去；我们依然爱你，虽然岁月改变了你的容颜。

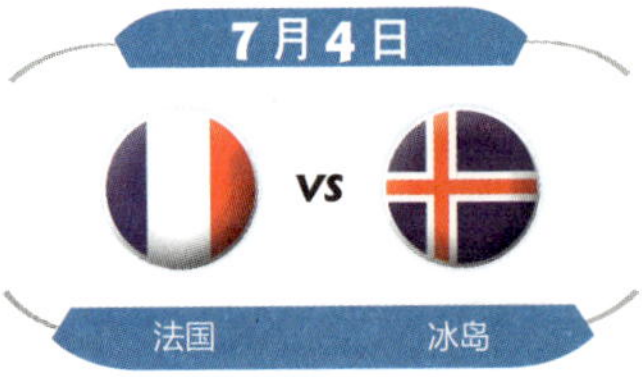

赛场　法国 5-2 冰岛

赛前硝烟

本场比赛是法国队在法兰西大球场的第 80 场比赛。此前 79 战高卢雄鸡取得 49 胜 20 平 10 负，在重要杯赛中取得 4 胜 1 平，保持金身不破。

从双方历史交锋上来看，法国队 11 次对阵冰岛队取得 8 胜 3 平保持不败金身，冰岛队 6 次客战法国队全部输球。两队最近一次正式比赛交锋是在 1999 年欧洲杯预选赛，最近一次交锋还是 2012 年 5 月的热身赛，法国队均以相同的比分 3-2 胜出。

比赛回顾

北京时间 7 月 4 日 3 时，2016 年欧洲杯第四场 1/4 决赛，法国队与冰岛队的比赛在法兰西大球场拉开帷幕。吉鲁梅开二度，格列兹曼接吉鲁助攻打入一球，又分别助攻博格巴和帕耶破门。最终法国队 5-2 大胜冰岛队，将在半决赛对阵德国队。

法国队半场火力全开，大吉鲁献上两球一助

滂沱大雨并没有浇灭两队对于比赛的热情。第 12 分钟，东道主取得领先，马图伊迪直传吉鲁，后者禁区内左脚凌空抽射，打了哈尔多松一个穿裆球，1-0！

此后塞瓦松传中，伯兹瓦尔松头球攻门，皮球被洛里斯轻松拿下。第 20 分钟，法国队扩大领先优势，格列兹曼开出角球，博格巴小禁区边缘力压伯兹瓦尔松头球破门，封堵后门柱的塞瓦松在门线上解围未果，2-0！首度在欧洲杯决赛圈面临两球落后局面的冰岛队开始加强攻势，西博尔松的外围射门偏出。半场结束前，法国队锁定胜局。第 42 分钟，萨尼亚右路传中，吉鲁头球争顶，格列兹曼助攻，帕耶禁区弧边缘破门，3-0！第 45 分钟，吉鲁脚后跟“喂饼”，反越位成功的格列兹曼突入禁区内单刀挑射入网，4-0！

冰岛队不放弃希望，进两球虽败犹荣

下半场易边再战，法国依旧掌控局势。格列兹曼禁区内停球过大，帕耶随后射门偏出。大比分落后的冰岛队并没有放弃，在第 56 分钟扳回一城。吉尔维·西古德森战术任意球右路传至禁区危险地带，无人防守的西博尔松近距离铲射近角得手，1-4！但已经打开的法国队随后扩大了场上领先优势。第 59 分钟，帕耶任意球传入送上助攻，吉鲁小禁区边缘力压后卫头球再下一城，5-1！此后，冰岛队因加松角球混战中的近距离头球攻门，被洛里神勇封挡。第 84 分钟，顽强的

冰岛人再次进球，斯库拉松左路送上助攻，无人防守的比基尔·比亚尔纳松 10 码处头球破门，2-5！

最终，东道主法国队兵不血刃，5-2 大胜本届杯赛最大黑马冰岛队。赛后，冰岛队球迷再次整齐地为球队怒吼助威！

双方出场阵容

法国队

1- 洛里；19- 萨尼亚，22- 乌姆蒂蒂，21- 科斯切尔尼（72 分钟，13- 曼加拉），3- 埃弗拉；15- 博格巴，14- 马图伊迪；18- 西索科，7- 格列兹曼，8- 帕耶（80 分钟，20- 科曼）；9- 吉鲁（60 分钟，10- 吉尼亚克）

冰岛队

1- 哈尔多松；2- 塞瓦松，6- 拉格纳·西古德森，14- 奥尔纳松（46 分钟，5- 因加松），23- 斯库拉松；7- 格维兹门松，17- 贡纳松，10- 吉尔维·西古德森，8- 比基尔·比亚尔纳松；9- 西博尔松（83 分钟，22- 古德约翰森），15- 伯兹瓦尔松（46 分钟，11- 芬博阿松）

全场最佳：吉鲁（法国）

法国 vs 冰岛 比赛集锦

每日一星

吉　鲁

欧洲杯 1/4 决赛，法国队 5-2 大胜冰岛队。球队主力前锋吉鲁在本场比赛中贡献 2 个进球、1 次助攻，最近 11 场国家队比赛打进 10 球，让法国球迷暂时忘记了那个麻烦不断的本泽马。

人高马大的吉鲁属于典型的大器晚成型球员，21 岁时他才踢上职业联赛，23 岁才第一次在法甲亮相。但是，吉鲁的天赋并没有被埋没，在法甲的第二赛季，吉鲁拿下法甲金靴，帮助“大黑马”蒙彼利埃从里昂、波尔多等球队中抢得法甲冠军。此后转会阿森纳队后，在厄齐尔这样的神级“喂饼者”的帮助下却时常浪费机会，让他被球迷广泛吐槽。

本届杯赛，由于主力前锋本泽马因为绯闻而遭到国家队除名，吉鲁得以顺利上位。首战罗马尼亚队，在圣丹尼的法兰西大球场，吉鲁头球为法国队首开纪录，打进本届杯赛的第一个进球；上场比赛对阵爱尔兰队，吉鲁不但发挥了支点作用，而且还助攻格列兹曼打进反超比分的进球；本场 1/4 决赛对阵冰岛队，吉鲁依然充分发挥了自己头球和脚下的优势，扮演支点作用。而本场比赛他不但头顶脚踢打进两球，还再次帮助队友格列兹曼打进一球，可谓风光无限。

但是无论表现好坏，吉鲁都会遭遇善意或嘲讽的玩笑：曾有球迷调侃，吉鲁在揭幕战进球，是因为阿森纳可能要买瓦尔迪，会对他的位置造成威胁；本场比赛吉鲁梅开二度，是因为阿森纳最近刚刚签下“日本苏亚雷斯”浅野拓磨……但是无论是在国家队还是俱乐部，面对舆论的玩笑与挑逗，吉鲁从来都是一步一个脚印，埋头苦干，没有一句怨言。

在跨过冰岛这关后，东道主法国队将在半决赛迎来德国队的挑战，面对诺伊尔、博阿滕领衔的德国后防线，吉鲁用两个进球、两次助攻向日耳曼人宣告：面对挑战，我准备好了！

赛场　葡萄牙 2-0 威尔士

赛前硝烟

本场比赛是双方首次在正式比赛中交锋。此前 3 次友谊赛对垒，葡萄牙队 2 胜 1 负，略占上风。双方最近一次交锋还要追溯到 16 年前。此前，葡萄牙队大赛 4 次出战半决赛，仅在 2004 年本土欧洲杯拿到一场胜利，近 6 场欧洲杯赛事 90 分钟内葡萄牙队均与对手打平。

比赛回顾

北京时间 7 月 7 日凌晨 3 时，2016 年欧洲杯第一场半决赛葡萄牙队与威尔士队的比赛在里昂体育场拉开帷幕。下半场，C 罗头槌首开纪录；随后他又误打误撞助攻纳尼扩大比分。葡萄牙队 2-0 完胜威尔士队。

贝尔 C 罗遭遇严密盯防，双方半场鲜有威胁射门

开场后，双方踢得小心翼翼。第 8 分钟，阿德里安 · 席尔瓦中场抢断乔 · 阿伦，后者情急之下对纳尼战术犯规，被裁判黄牌警告。随后 C 罗传球，若昂 · 马里奥强突禁区右侧低射偏出大门。威尔士队随后“投桃报李”，乔 · 莱德利战术角球低传禁区，贝尔跑动中转身打门，皮球没有射正。威尔士队持续施压，贝尔右路强势突击后传中，罗布森 · 卡努前点没有碰到皮球。此役 C 罗在进攻中受到威尔

士球员的四人合围，鲜有表现机会。好不容易觅得射门机会，他又被本场比赛死缠烂打的科林斯堵了枪眼。上半场结束，双方互交白卷。

C罗破门追平欧洲杯进球纪录，无拉姆塞策应贝尔独木难支

下半场易边再战。第50分钟，葡萄牙队率先破门。格雷罗左路战术角球“喂饼”C罗，C罗小禁区前再次力压切斯特，超强滞空强力冲顶中鹄！此球一进，C罗也以9粒进球追平普拉蒂尼在欧洲杯的进球纪录。第54分钟，葡萄牙队再下一城，C罗禁区外横蹚一步，起脚打门，无人防守的纳尼10码处倒地一铲，皮球改变方向，亨尼西措手不及，2-0！

此后威尔士队开始放手一搏，顶替拉姆塞出战的安迪·金禁区边缘胸部停球后顺势准备射门，但布鲁诺·阿尔维斯及时抢先一步解围。此后，C罗右路30码处任意球稍稍高出门楣。第66分钟，葡萄牙队错过继续扩大比分的机会，纳尼右路远射造成亨尼西脱手，但若昂·马里奥近距离补射偏出。第86分钟，葡萄牙队再次浪费机会，戈麦斯传球，C罗强突禁区右侧晃过门将亨尼西后，小角

度射门未能命中目标。

最终，全场比赛结束，葡萄牙队 2-0 击败威尔士队，拿到本届欧洲杯第一场常规赛胜利。赛后两位皇马巨星友好寒暄。葡萄牙队也在 12 年后再次杀入欧洲杯决赛，将对阵法国队和德国队之间的胜者。

双方出场阵容

葡萄牙队

1- 帕特里西奥；21- 塞德里克，2- 布鲁诺 · 阿尔维斯，4- 丰特，5- 格雷罗；10- 若昂 · 马里奥，13- 达尼洛，16- 雷纳托 · 桑切斯（74 分钟，15- 安德烈 · 戈麦斯），23- 阿德里安 · 席尔瓦（79 分钟，8- 穆蒂尼奥）；17- 纳尼（86 分钟，20- 夸雷斯马），7-C. 罗纳尔多

威尔士队

1- 亨尼西；2- 冈特，5- 切斯特，19- 科林斯（66 分钟，20- 乔纳森 · 威廉姆斯），6- 阿什利 · 威廉姆斯，3- 尼尔 · 泰勒；7- 乔 · 阿伦，16- 乔 · 莱德利（58 分钟，18- 沃克斯），8- 安迪 · 金；9- 卡努（63 分钟，23- 丘奇），11- 贝尔

全场最佳：C. 罗纳尔多（葡萄牙）

葡萄牙 vs 威尔士　比赛集锦

每日一星

纳　尼

三个关键进球，外加一次助攻，这是本届欧洲杯上葡萄牙队“魔翼”纳尼在6场比赛交出的答卷。这位曾经曼联的“杀星”在前场的威胁性，甚至盖过了自己的老大哥C罗，成为本届欧洲杯迄今葡萄牙队的头号进攻利器。

曾几何时，纳尼一度被视为葡萄牙下一个天皇巨星、C罗的天生接班人。2007年夏天，他以2550万欧元的身价转会曼联，那时的纳尼风华正茂。两年以后，当C罗远走银河战舰时，球迷们都预测纳尼会蜕变成下一个梦剧场的当家人。不过，他在红魔的表现始终不温不火。最好的时候，他的单赛季进球数也只有10球。2014年8月，被耗尽耐心的红魔将纳尼回租给了他的老东家里斯本竞技。去年夏天，纳尼彻底告别效力7年的梦剧场，远离主流联赛，转战土耳其。

不过，在代表国家队出战时，纳尼却展现出了另一番姿态。首战对阵冰岛队，纳尼贡献进球帮助球队打进欧洲杯第一球；小组赛末战匈牙利队，还是纳尼贡献扳平比分的进球；1/4决赛对阵波兰队，纳尼助攻小将桑切斯打进扳平一球；此番对阵威尔士队，又是他的进球锁定了胜局。他用稳定的表现换得了国家队主教练桑托斯的信任。

新世纪的4届欧洲杯，葡萄牙队已经3次完成了进军四强的壮举。纳尼和C罗领衔的这支葡萄牙队取得了尤西比奥、菲戈、鲁伊科斯塔等前辈巨星都没能取得的成绩。目前离德劳内杯仅有一步之遥，纳尼和葡萄牙队已经准备好了！

C罗

如果你有梦想的话，就要去捍卫它。如果你有理想的话，就要去努力实现。你可以不喜欢那些有个性的球星，但是你不能否认他们的努力；你可以不喜欢C罗，但是你不得不叹服，他总是喜欢在逆境中证明自己！

欧洲杯——欧洲足球领域最高的荣誉殿堂，成就了无数的一代天骄，也让很多悲情英雄抱憾。对于俱乐部荣誉满身的C罗而言，国家使命似乎就意味着生命中不能承受之轻。12年前，本土作战的葡萄牙队决赛0-1败在创造神话的希腊人脚下；此番12年后，C罗率领国家队继2004年后再次挺进决赛，这一次无论结果如何，他都已经创造了历史。

C罗似乎天生就是为焦点而生。年少成名的他，18岁就被慧眼识珠的奎罗斯看中，来到梦剧场。23岁时，他已经可以入选金球奖的前三名，而时隔一年他已经拿到许多球员穷其一生也无法染指的金球奖。就在上个赛季，C罗又凭借优异的表现为皇马拿到梦寐以求的第11座欧冠冠军，夺冠的哽咽中包含了难为外人道的辛酸。个人、俱乐部拿奖无数的他，无法染指欧洲杯、世界杯等大赛桂冠，一直是他和梅西两位当世巨星一生的痛。但好在，这次C罗有机会证明自己。

本届欧洲杯，C罗的表现可谓低开高走。小组赛前两场经历了浪射与射失点球后，在小组赛第三场对阵匈牙利队的比赛中，C罗迎来了爆发，头顶脚踢打入两球，让葡萄牙队以小组第三名的身份晋级淘汰赛。对克罗地亚队的1/8决赛，他加时赛助老将夸雷斯马上演绝杀。对波兰队的点球大战，他第一个主罚命中，稳定了军心。而对威尔士队的半决赛，在上半场僵持不下的情况下，C 罗在关键时刻挺身而出。C 罗在下半场接队友战术角球，小禁区前力压切斯特强力冲顶打破僵局，他也以 9 粒入球追平普拉蒂尼在欧洲杯的进球纪录。3 分钟之后，又是 C 罗的射门变成了助攻，队友纳尼心领神会，彻底锁定胜局。C 罗也赢得了对俱乐部队友贝尔的胜利，一个人扛着葡萄牙队从小组第三，到如今的决赛。

众所周知，C 罗不再年轻，柔韧性下降，左膝的髌腱炎让他无法再像以前那样持续地长途奔袭。但是遇到挫折的 C 罗，从来不会逃避。也许喜欢他的原因有很多，不喜欢他的人也有自己的道理，但对于他从一个从小岛上勤勤恳恳进化为世界顶级巨星的努力，维持了 13 年之久的巅峰期，每一个人都必须敬佩。

从当初那个马德拉群岛上带着浓郁乡下口音的少年，到里斯本竞技的天才；从曼联的“小小罗”到如今名满天下的“C 罗”，克里斯蒂亚诺 · 罗纳尔多从来都是在孤独和质疑声中努力遥望，在努力中选择坚强，面对强压，勇敢战斗，没有后退，没有动摇！

赛场 法国 2-0 德国

赛前硝烟

纵观两队大赛交锋史，1958 年，法国队赢得两队首次世界杯交锋，此后 3 场世界杯从未击败过德国队。1982 年和 1986 年世界杯半决赛，德国队曾接连淘汰法国队。两年前的 2014 年世界杯 1/4 决赛，凭借胡梅尔斯的进球，德国队 1-0 淘汰法国队。

比赛回顾

北京时间 7 月 8 日 3 时，法国队与德国队的欧洲杯半决赛在马赛开打。上半时结束前，小猪禁区内手球遭遇“极刑”，格列兹曼主罚首开纪录。下半时，格列兹曼抓住德国后防失误，乱军之中再下一城。最终，法国队 2-0 击败德国队，终结 1958 年以来大赛不胜德国队的历史。

日耳曼战车空有控球优势，格列兹曼点杀先拔头筹

此役，法国总统奥朗德亲临现场为球队加油助威。第 7 分钟，法国队打出精妙配合。格列兹曼禁区左侧与马图伊迪连续踢墙配合，后者禁区左侧将球交回，格列兹曼切入禁区，在门前用不擅长的右脚低射，被诺伊尔单手封出底线！在招架住东道主的开场猛攻后，德国队在中场夺回控制权。基米希右路助攻前场，埃

姆雷·詹右路心领神会低传禁区，穆勒前点铲射操之过急，皮球偏出球门。

上半时补时阶段，法国队意外取得领先。格列兹曼角球被对方解围，右路再度得球传中，埃弗拉门前争顶，防守他的施魏因斯泰格举起右手碰到皮球，里佐利在助理裁判提示下吹罚点球！并给了小猪一张黄牌。此后厄齐尔发泄地将球踢向看台，也被黄牌警告。格列兹曼操刀点球，骗过诺伊尔打进左下角，1-0！此球一进，德国队也以10个点球失球，超过法国，成为欧洲杯历史上被点球破门最多的球队。而德国队连续两场比赛禁区手球送给对方点球，创造了一个不大不小的尴尬纪录。

基米希禁区内玩火自焚，格列兹曼捅射穿裆破门

下半时双方易边，博格巴传球吉鲁，后者突入禁区抬脚射门被博阿滕挡出，随后格列兹曼小角度射门放了高炮。第72分钟，法国队意外扩大比分！基米希禁区内停球失误，博格巴左路得球牛尾巴过人晃过穆斯塔菲后传中，诺伊尔单手击球解围不远，格列兹曼跟进左脚捅射，球从诺伊尔裆下入网，2-0！此球一进，格列兹曼以6球领跑本届杯赛射手榜。在法国球员欧洲杯进球榜上，他也追平前辈亨利，仅次于普拉蒂尼的9球。第74分钟，格策传球基米希，后者左脚斜射

击中门柱，未能将功补过！此后，格列兹曼在全场球迷的掌声中被卡巴耶换下。德国队开始放手一搏，穆斯塔菲传球，基米希头球被堵枪眼。基米希右路传中，格策后点头球大大偏出。

最终，缺少中锋的德国队无力回天，以 0-2 败下阵来。德国欧洲杯 6 战东道主首次告负，自 1966 年世界杯负于英格兰队后，大赛 10 战东道主首次输球。东道主法国队将与葡萄牙队争夺本届杯赛冠军。

双方出场阵容

法国队

1- 洛里；19- 萨尼亚，21- 科斯切尔尼，22- 乌姆蒂蒂，3- 埃弗拉；15- 博格巴，14- 马图伊迪；18- 西索科，7- 格列兹曼（92 分钟，6- 卡巴耶），8- 帕耶（71 分钟，5- 坎特）；9- 吉鲁（78 分钟，10- 吉尼亚克）

德国队

1- 诺伊尔；21- 基米希，4- 赫韦德斯，17- 博阿滕（61 分钟，2- 穆斯塔菲），3- 赫克托；14- 埃姆雷 · 詹（67 分钟，19- 格策），7- 施魏因斯泰格（79 分钟，20- 萨内），18- 克罗斯；8- 厄齐尔，11- 德拉克斯勒；13- 托马斯 · 穆勒

全场最佳：格列兹曼（法国）

法国 vs 德国 比赛集锦

每日一星

格列兹曼

当25岁的格列兹曼带领着年轻的高卢雄鸡踏入马赛韦洛德罗姆球场时，没人会意识到，他就是法国队的救世主。

上半场比赛，德国队一直压制着法国队，面对德国人滴水不漏的防守和强大的场面控制力，法国将士们却只能依靠零星的反击和个人单兵作战能力与之周旋。好在格列兹曼始终发挥抢眼，横冲直撞，用一次次精彩的突破和射门为法国队一点点撼动德国人强大的心理防线。

在德国人空有控球率和屡射不进之后，格列兹曼终于等到了他们犯错的时刻。点球！天堂地狱仅一线之隔，进与不进直接决定本场比赛的走势。格列兹曼用自己的沉着击败了诺伊尔，稳稳地将球推进球门死角！此时，不祥的预感开始笼罩着德国人，不过这仅仅是他们噩梦的开始。球门前的格列兹曼仿佛幽灵一般，在他抓住基米希的失误，门前捅射打了诺伊尔一个穿裆球后，德国人的信心顷刻间崩塌了。随着基米希的射门击中门柱弹出，整个法国都陷入了疯狂。这场艰难的胜利成就了一个英雄，他就是格列兹曼。

激动的泪水洒满了格列兹曼的面庞。几个月前的米兰，在与皇家马德里队的欧冠决赛中，格列兹曼的点球不进让马竞错失好局，最终点球大战被皇马击败，成就了同城死敌的11次欧冠加冕。几个月后的今天，在几万名家乡父老的见证下，格列兹曼亲手完成了自我的点球救赎。

救赎的远远不止自己。2014 年世界杯，当法国队向着冠军努力前进时，正是德国队成了他们夺冠路上的拦路虎。比赛中，本泽马遭遇有如神助的诺伊尔，胡梅尔斯在乱军中击碎了法国人的防线，最终，踩着高卢雄鸡一路杀进决赛，并最终夺冠。同时法国人也延续着对日耳曼人五十几载不胜的屈辱历史。

此役过后，格列兹曼不但亲手终结了这段不堪的交锋史，还以六球领跑射手榜，紧追前辈普拉蒂尼的纪录。两年前的决赛中梅西没有做到的事情，格列兹曼此刻一个人做到了！在带领高卢雄鸡继续前进的同时，他也用这样的表现告诉德国人：你们的半决赛噩梦不仅有巴洛特利，这回又多了一个叫作格列兹曼的人！

赛后焦点

新高卢雄鸡，期待破晓一啼

马赛韦洛德罗姆球场，面对来势汹汹、两年前世界杯淘汰自己的日耳曼战车，法国队用一场完胜拿到了通往决赛的门票。进入淘汰赛以来，3 场比赛，9 个进球，如此高效的进攻节奏和协调统一的技战术发挥，德尚的球队终于让人想起了 1998 年的那个无坚不摧的金杯之师。

后齐达内时代，法国国家队就再没有真正站起来过，甚至还经历了 2010 年世界杯上的内讧丑闻。2012 年，德尚接过了法国队的教鞭，在众多的怀疑声中开始了对球队的改造。

年轻，朝气蓬勃，德尚的球队摒弃了之前华而不实的阵容和影响球队的不安定分子。里贝里、纳斯里成为过客，本泽马麻烦不断，而格列兹曼、博格巴、名不见经传的帕耶成了这支球队的脊梁。

小组赛首战，草根英雄帕耶横空出世，用一脚惊世骇俗的世界波奠定法国队的开门红。次战曾在友谊赛中羞辱自己的阿尔巴尼亚队，格列兹曼站了出来，为高卢雄鸡打破了密集的铁桶阵，帕耶则锦上添花助球队小组提前出线！淘汰赛第一场，虽然遭遇爱尔兰人的顽强抵抗，但吉鲁满血复活，连线格里兹曼助后者梅开二度淘汰对手。八强战遭遇大黑马冰岛，高卢雄鸡兵不血刃，上半场结束前就以 4-0 锁定胜局。而本场面对夺冠大热德国队，年轻的法国队在局面不利的情况下把

握住机会，以 2-0 干净利落地斩世界冠军于马下，终结了 58 年不胜对手的尴尬历史。最可贵的是，这场比赛中的法国队，表现出了在技战术层面近十年来少有的高度统一和团结，德尚对球队的改造已经基本定型。

法国队的前场，博格巴、帕耶和格列兹曼的组合几乎是欧洲最好的组合，三人在进攻端鬼魅般的前插经常让对手防不胜防。再加上坎特在后腰位置上的高效拦截，使得法国队的中场运转十分流畅。这也间接激活了锋线上的吉鲁，法国队的攻守平衡达到了一个新的高度。

没有里贝里，没有本泽马，德尚率领着全新的高卢雄鸡再一次征服了世人。当这支年轻的队伍站上决赛的法兰西大球场时，人们会看到一支激情四射的法国队。而这一刻，主帅德尚会恍如隔世：如今阵中帕耶扮演着齐达内，博格巴扮演着德约卡夫，坎特则扮演着 18 年前的德尚，如今那位和自己当年同样身披 7 号的格列兹曼，正演绎着新的法兰西传奇！新高卢雄鸡，期待破晓一啼！

赛场 葡萄牙 1-0 法国

赛前硝烟

纵观两队交手战绩，在 1975 年，法国队在首都巴黎的友谊赛中 0-2 不敌葡萄牙队。此后，法国对葡萄牙的战绩是 10 战全胜，包括三场大赛交锋：1984 年欧洲杯半决赛加时赛 3-2 战胜对手；2000 年欧洲杯半决赛加时金球 2-1 绝杀对手；2006 年世界杯半决赛 1-0 击败对手。近两年双方的热身赛，法国队 2014 年 10 月主场 2-1，去年 9 月客场 1-0，保持全胜。

继 2004 年本土欧洲杯后，葡萄牙队 12 年后再次打进大赛决赛。此前，葡萄牙队累计参加欧洲杯场次达到了 34 场，是欧洲杯未夺冠球队中参赛场次最多的球队。而之前葡萄牙队 5 次大赛对阵东道主无一胜绩。在欧洲杯历史上，葡萄牙队是首支排名小组第三却打进决赛的球队。这种奇观在世界杯历史上出现过两次，分别是 1990 年的阿根廷和 1994 年的意大利，但两支球队都在决赛中饮恨。

自从 1960 年首届欧洲杯接连被南斯拉夫队和捷克斯洛伐克队击败之后，法国队在大赛中主场 16 胜 2 平，保持 18 场不败的金身。此前，法国队 4 次打进大赛决赛，3 次加冕。

比赛回顾

北京时间 7 月 11 日 3 时，第 15 届欧洲杯决赛，葡萄牙队与东道主法国队的比赛在法兰西大球场正式拉开大幕。上半时，C 罗左膝韧带被帕耶撞伤，因伤离场。下半时补时阶段，法国替补前锋吉尼亚克打中立柱。加时赛结束前，替补前锋埃德尔禁区外远射完成绝杀。葡萄牙队 1-0 绝杀东道主法国队夺冠！

东道主携主场雄风气势逼人，葡萄牙“罗总裁”意外退出比赛

赛前，东道主方面举行了盛大且简短的闭幕仪式。舞者在场地上拼出“MERCI（谢谢）”字样的同时，上届冠军西班牙队核心哈维携奖杯入场。莎拉·拉尔森和 DJ 格塔再度联手奉献本届主题歌——《为你而战》。

开场后，法国队携东道主之威咄咄逼人，但葡萄牙人阵型紧凑，稳扎稳打并率先反客为主。第 10 分钟，双方上演精彩攻防对决。帕耶左路策动进攻找到格列兹曼，后者在门前 10 米处复制范佩西世界杯经典头球吊射动作，葡萄牙门将帕特里西奥飞身做出精彩扑救！此球打得绝妙，扑得精彩！随后，又是帕耶左侧角球制造险情，中锋吉鲁在门前近距离头球被帕特里西奥没收。此后，葡萄牙队遭遇意外，队中当家球星 C 罗遭到帕耶冲撞，左膝外侧受伤，神情沮丧地瘫坐在

球场上，流下了伤心的泪水。随后C罗在队医的陪同下，走到场边接受简短治疗，此时老将夸雷斯马开始热身。C罗在接受左膝简单处理回到场内后，一次拿球时明显左腿不适，无奈地向场边举手示意换人。C罗无奈地摘下队长袖标，又倒在球场上，他眼含不甘的泪水，给小兄弟纳尼戴上队长袖标，近些年来第一次被担架抬出场，全场球迷起立鼓掌送别，法国队主帅德尚上前问候，老将夸雷斯马替补登场。

此后，帕耶左路策动进攻，状态大勇的西索科再度给葡萄牙队制造麻烦，他抢前点，转身摆脱后近距离大力抽射，帕特里西奥神勇将球挡出！随后帕耶被塞德里克侵犯，英格兰主裁判克拉滕伯格亮出首张黄牌。上半时比赛结束，双方暂时互交白卷，西索科表现抢眼，贡献6次成功过人与3脚打门！

帕特里西奥一战封神，埃德尔绝杀高卢雄鸡

下半场比赛以博格巴禁区外一脚高射炮拉开帷幕。此后，一名激动的球迷冲进球场被安保人员擒获。第66分钟，法国队再次获得破门良机，科曼左路制造杀机，格列兹曼门前近距离头球，皮球稍稍偏出门柱！此后，又是科曼在左路轻描淡写一记直传，吉鲁在禁区内左肋部左脚劲射，帕特里西奥再次神勇挡出！第80分钟，整场比赛被摁着打的葡萄牙队，完成了第一脚命中目标的射门。纳尼右路传中变成了直接吊门，法国门将洛里终于有了表现机会，他单掌将球化解。此后，

法国队中场策动反击，本场比赛异常兴奋的西索科禁区外一步蹚球后，拔脚怒射，门神帕特里西奥再次做出精彩侧扑将球封出！随后科曼左路连线西索科，后者再次尝试头球，又被帕特里西奥稳稳收入囊中。

补时第2分钟，法国队错失本场最好机会！埃弗拉左路

传中，吉尼亚克前点连续扣球晃过佩佩，打出一记低射，皮球终于打穿帕特里西奥，但是没有过得了门柱这一关！90分钟常规比赛结束，双方互交白卷，欧洲杯决赛历史上第六次加时赛正式开打！

加时赛开始前，C罗拖着伤腿进场激励全队。此时，双方球员体能下降非常明显，防守中犯规动作开始渐渐增加。第104分钟，葡萄牙队埃德尔险些破门，夸雷斯马右侧主罚角球，埃德尔近距离头球攻门，皮球在即将越过门线的刹那，被法国门将洛里神勇挡出！

加时赛下半场，裁判出现误判，科斯切尔尼禁区前沿被判手球并吃到黄牌，但慢镜头清晰显示，手球的实际上是埃德尔！第109分钟，法国队为常规时间浪费绝杀付出代价。穆蒂尼奥左肋策动进攻，埃德尔禁区外拿球内切，后卫逼迫不紧，他突然起脚远射，皮球贴地钻进球门左下死角，1-0！此后，意识到形势不妙的德尚马上用马夏尔换下西索科，意图挽回败局。终场前，小将科曼右路传中找远点队友，马夏尔接左路摆渡，架炮打门被葡萄牙后卫堵了枪眼，但是被裁判示意越位在先！此后，门神帕特里西奥因为拖延时间吃到一张黄牌。最终比赛结束，全场占据优势的法国队被葡萄牙队加时绝杀！葡萄牙队也结束了逢法国队不胜的尴尬历史，首次夺得大赛冠军！

双方出场阵容

法国队

1- 洛里；19- 萨尼亚，21- 科斯切尔尼，22- 乌姆蒂蒂，3- 埃弗拉；18- 西索科（110 分钟，11- 马夏尔），15- 博格巴，14- 马图伊迪，8- 帕耶（58 分钟，20- 科曼）/7- 格列兹曼，9- 吉鲁（78 分钟，10- 吉尼亚克）

葡萄牙队

1- 帕特里西奥；21- 塞德里克，3- 佩佩，4- 丰特，5- 格雷罗；23- 阿德里安·席尔瓦（66 分钟，8- 穆蒂尼奥），14- 威廉·卡瓦略，16- 雷纳托·桑切斯（79 分钟，9- 埃德尔），10- 若昂·马里奥；17- 纳尼，7-C. 罗纳尔多（25 分钟，20- 夸雷斯马）

全场最佳：帕特里西奥（葡萄牙）

每日一星

佩佩：人生再不靠演技，而是靠实力

在欧洲足坛，佩佩被冠以“防弹武僧”的绰号。而今天的欧洲杯决赛，武僧佩佩再次用行动升级了自己的存在感。眼看着队友帕特里西奥在眼前大秀演技，身为武僧里演技最棒的人，佩佩忍不住大秀绝活儿，比赛进行到第108分钟，埃德尔的绝杀帮助葡萄牙队夺冠，终场哨响时，葡萄牙都在一起庆祝，此时的武僧却在场边呕吐了起来！只不过这次不是演技，而是拼到了最后一刻。

在这之前，武僧佩佩的名号早已在欧洲足坛家喻户晓。要是个把月没有红牌入账，佩大师就浑身不舒服。在西甲赛场，当年的赫塔菲小将卡斯克罗，就曾经被佩大师寒气逼人的武功所深深震慑，久久不能忘怀。贝蒂斯队的阿格拉也有相似的痛苦经历，他被佩佩一击即中，倒地不起，时至今日仍有心理阴影。而巴萨天王梅西在当年国王杯的赛场，领教过佩佩的暗器神功之后，也只能忍

着伤痛，有苦说不出。所以，只要是佩大师看上的人，就一定逃不出他的攻击范围。不过当武僧遭遇拉玛西亚影帝，吃亏的往往是前者，那年佩佩和阿尔维斯国家德比的正面对抗，后者让佩佩深深领悟了人生如戏，全靠演技的道理。

经过演技修炼的佩大师也在不经意间参透了以彼之道还施彼身的武林绝学。那年国王杯决赛面对巴萨，皮克的左手刚刚接触了佩佩的面部，他就突然武功全失，倒地不起，这一幕完全欺骗了裁判，皮克莫名其妙地被出示一张黄牌，看到对手上当，佩佩立刻满血复活。而更经典的一幕也发生在和巴塞罗那的国家德比中，当佩佩被法布雷加斯放倒之后，立刻掩面做受伤状，而如此痛苦的佩大师居然从指缝中偷偷观察裁判是否处罚小法，这一幕堪比拉玛西亚影视学院布教授的传世之作。

不过今晨的欧洲杯决赛，粗中有细，工于心计的佩佩已经不是那个空有武力的匹夫，此前因伤缺阵的他，本场决赛满血复活，他的犯规次数也减少很多，而善于动脑的武僧佩佩，这一次和门神帕特里西奥联手将葡萄牙后防线织成了一张密不透风的大网。这一次不靠演技，专靠实力的佩佩，也让对方掉进了自己的陷阱，而拼到呕吐的他，也用稳定的表现让高傲的高炉雄鸡们分分钟“误了性命”。

赛后焦点

法兰西三大悲情火枪手

当埃德尔的远射，冲破洛里的阻拦直蹿球网时，法兰西的高卢雄鸡落寞哀号。在每一曲属于失败者的礼赞里，悲情、虽败犹荣，如影随形……虽然 18 年后法兰西的梦想依旧未能圆满，但所有人都会将他们铭记，帕耶、吉鲁、格列兹曼，他们在这个夏天倾其所有将足球演绎为勇敢者的游戏。

首战罗马尼亚队，吉鲁用一记魔幻的鱼跃冲顶吹响了扳平的号角。草根英雄帕耶的横空出世，将“黄玫瑰”彻底摧残，当他用一记世界波攻破对手的城池时，东道主的开门红也随之来临。第二轮面对阿尔巴尼亚队，格列兹曼向世人展示了马竞神锋的静若处子、动若脱兔，面对他的头球，门将只有招架之功，毫无防守之力，而随后帕耶又让对方只能眼睁睁地看着自己，稳稳地将球送入球网。

在这场比赛中，帕耶继续闪烁着新齐达内的光芒，他用一粒进球带领着高卢雄鸡再造不可阻挡之势，高调前行。

1/8决赛，法国队遭遇当头棒喝。他们甚至一度被顽强的爱尔兰人逼上绝境。下半场，格列兹曼挺身而出力挽狂澜，他的头球为法国队掐停了死亡倒计时。随后，另一名火枪手吉鲁又与他连线，彻底扭转乾坤，格列兹曼带球直捣黄龙，再造一球一红牌，在不到十分钟的时间内，解决战斗将法国队送入八强。

闯入八强后，法国队遭遇黑马冰岛队。但三个火枪手火力全开，吉鲁贡献两球一助攻，格列兹曼送上一球一助攻，帕耶也有一球入账，三个火枪手帮助法国队5-2击溃对手继续高歌猛进。

半决赛，他们迎来了真正的强敌——欧洲杯历史最佳德国队。结果在这场白刃战中，格列兹曼再次不辱使命，梅开二度，成功领航，护送高卢雄鸡挺进决赛。在这场比赛里，我们见到了吉鲁不遗余力，见到了帕耶满场飞奔的身影，能攻善守的他虽大器晚成，但与世界冠军的中场较量中他完全不落下风。

与葡萄牙队的决赛，开赛仅仅25分钟，对方头牌C罗便因伤下场。这场本该没有悬念的比赛，被顽强的葡萄牙人拖入了加时赛。只可惜今天，英勇神武的法国门将洛里无法阻挡埃德尔的禁区外冷箭，三个火枪手悲情地倒在了对手的绝杀之下。

格列兹曼呆呆地伫立在那里，满眼望去，全是自己数月前与C罗欧冠决战的心碎重演。吉鲁静静地挥手致意，挥别决赛表现不佳的自己，也挥别欧洲杯留给他最刻骨的回忆。帕耶落寞地走到场边，同样的赛场，当他第一次走来，他还只是整个国家的英雄，而当他最后一次离开时，他已被提前换下，无法为球队再贡献一枪一弹。

在顶天立地之间，他们用青春绽放的岁月装点着这个夏天法兰西三个火枪手最华美的书页，无奈德劳内杯却总是近在咫尺又远隔天涯。

两年后的俄罗斯，我们还有机会再次见证法国黄金一代闪耀，我们依旧充满期待，期待一代代勇敢的法国人一往无前，追逐金杯的梦想，期待有一天，小伙子们再次遵循着先辈的冠军足迹，让高卢雄鸡在世界大赛的赛场上“雄鸡一唱天下白”！

赛后焦点

赛场上的英雄之泪

欧洲杯决赛，葡萄牙决战东道主，比赛仅仅过去25分钟后，当帕耶不经意间的冲撞再次伤到C罗脆弱的左膝时，一代巨星满面无奈，泪流满面，甚至一度哽咽到无法自已，因为他知道他没办法在决赛场上继续坚持了。C罗泪洒赛场的画面，让所有球迷动容。一个小时过后，比赛结束时，C罗再次流下泪水。只不过这一次是幸福的喜极而泣。葡萄牙队令人意外地击败东道主法国队，获得冠军，C罗难以抑制内心的激动，与队友相拥而泣。泪水从来都是绿茵场上不可缺少的部分，绿茵场上的眼泪不会流失你的男子气概。那些赛场上经典的英雄之泪，永远不会让我们忘记。

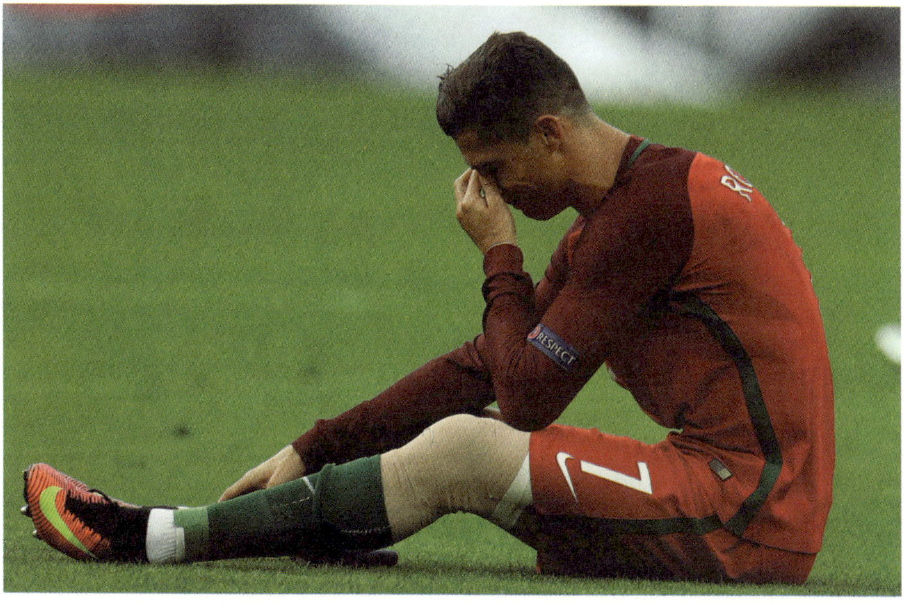

1958年　球王之泪

1958年世界杯，年仅17岁的贝利代表桑巴军团走上了世界大赛的中心，在对阵东道主瑞典队的决赛上，贝利梅开二度，帮助巴西队历史上首次夺得雷米特金杯。赛后，贝利坐在队友的肩膀绕场致意，那一刻，年轻的贝利流下了喜悦的眼泪。自此，国际足坛历史上一代球王正式诞生！

1990年　加扎之泪 & 上帝之泪

1990年世界杯，英格兰队遭遇老冤家联邦德国队。正当双方场面陷入白热化的时候，英格兰中场天才加斯科因侵犯德国队球员贝特霍尔德，被裁判出示黄牌，这意味着即使英格兰晋级决赛，加斯科因也将因为累计黄牌停赛。此后，英格兰队在点球大战中3-4折戟。加斯科因难掩悲伤。这个在球场上纵横驰骋的杀手，此时却哭得像个伤心的孩子，在德国队的欢呼声里，加斯科因只能带着遗憾的泪水，悲壮地离去。

在那一年，另一个人的眼泪也同样被世人铭记，他就是马拉多纳。半决赛，阿根廷队与东道主意大利队狭路相逢。比赛场地恰恰被安排在了那不勒斯圣保罗球场，那正是球王马拉多纳所效力的那不勒斯俱乐部的主场。赛前，当地的意大利球迷高举旗帜心情复杂："迭戈！我们爱你！但是意大利才是我们的祖国！"最终，马拉多纳率领着潘帕斯雄鹰迈过东道主一关杀进决赛，与老对手联邦德国队会师。金杯近在咫尺，他们却倒在了布雷默诡异的点球下，伤心的马拉多纳痛哭流涕。

1994年　忧郁王子之泪

1994年美国世界杯，当点球划过玫瑰碗的上空，巴乔留给了世人这个忧郁的背影，他久久不愿离去，在他的身后是巴西人的狂欢，是意大利人的悲伤。他静静地哭泣，用眼泪祭奠金杯的梦想。

1998年　"独狼"之泪

在1994年美国世界杯"抡元"大力神杯后，"独狼"罗马里奥这位传奇射手就和罗纳尔多、贝贝托一起，被视为桑巴军团最锋利的锋线尖刀。

然而，这位视进球如草芥的前锋却在1998年世界杯前被伤病击倒，为了赶上法国世界杯的末班车，罗马里奥开始了与时间的争夺，但是32岁的独狼最终还是输给了时间。在宣布退出1998年世界杯的新闻发布会上，所有人无奈地看到了“独狼”伤心的泪水。

2002年 外星人之泪 & 战神之泪

要论谁是世界足坛历史上最伟大的前锋，很多人会将选票投给“外星人”罗纳尔多。但在职业生涯中，罗纳尔多曾长时间遭遇伤病侵袭。1999年11月21日，效力于梅阿查球场的他，在一场意甲比赛中膝盖受伤，不得不远离赛场长达半年之久。2000年4月，在同拉齐奥的意大利杯决赛中，罗纳尔多伤愈复出。然而不幸再次发生，登场仅仅6分钟，他在做出招牌的钟摆式过人的一刹那，倒在了奥林匹克球场。伤病如同梦魇一般萦绕在他国米岁月的左右。

2002年5月5日意甲最后一轮，国际米兰2-4不敌拉齐奥，同时将联赛冠军拱手让出，被替换下场的罗纳尔多在替补席泪流满面。没能为梅阿查的球迷和莫拉蒂带来一座联赛冠军，成了外星人一生的遗憾。

同样是2002年，韩日世界杯也许是所有喜爱“战神”巴蒂斯图塔的人都不愿回首的一届大赛。在同瑞典队比赛的第58分钟，他被克雷斯波替换下场，谁也没有想到，那一刻巴蒂竟同世界杯同阿根廷国家队永远地说了再见。比赛结束后，壮志未酬的巴蒂潸然泪下，那个未完成的蓝白色的梦将被永远地封存在我们的记忆中。

欧洲杯十大进球

曲终人散时，夏梦了无痕。2016年欧洲杯随着新王葡萄牙的登基夺冠而圆满落下帷幕。也许我们喜爱的球星没有捧起奖杯，也许你支持的球队依然与冠军无缘，但那些精彩的进球会成为经典，永远停留在球迷这个夏天的回忆里。

第10名 “大圣”贝尔百步穿杨任意球

在皇马，由于C罗和克罗斯长时间占据着任意球主罚权，而使球迷们忘记了“大圣”贝尔除了“凌波微步”外，还有一手百步穿杨的任意球绝技。小组赛第一轮威尔士大战斯洛伐克，贝尔30码处主罚任意球，皮球划出一道诡异弧线急剧下坠，不但直捣黄龙，而且也打进了威尔士队在欧洲杯决赛圈历史上的首球。

第9名 博格巴“牛尾巴过人”，格列兹曼笑纳大礼

欧洲杯半决赛东道主法国迎来日耳曼战车德国。第72分钟，基米希禁区内玩火，博格巴前场左路底线得球，复制小罗经典“牛尾巴过人”，戏耍穆斯塔菲，左脚将球准确送至禁区中央。诺伊尔出击击球不远，格列兹曼心领神会，门前捅射穿裆破门。

第8名 埃德尔“千里走单骑”，一对四取对方首级

欧洲杯E组小组赛第二轮意大利队遭遇瑞典队。行将伤停补时之际，基耶利尼左路将界外球掷出，扎扎头球做嫁衣，埃德尔斜刺里杀出，复制罗伯特·巴乔1994年世界杯经典破门线路和动作，连续横向扯动，闪开瑞典四名防守队员，劲射打进死角！

第 7 名 博努奇巡航制导，贾凯里尼一箭穿心

欧洲杯 E 组小组赛第一轮意大利对阵欧洲红魔比利时，第 31 分钟，意大利中卫博努奇在中圈处皮尔洛附体，一记巡航制导般长传绕过比利时中卫阿尔德韦雷尔德头顶到禁区右肋，前俱乐部队友贾凯里尼心领神会，禁区里完美卸下来球后，右脚推射球门右侧入网！

第 6 名 C 罗超强滞空对抗地心引力

欧洲杯半决赛葡萄牙对阵威尔士，C 罗迎来了与俱乐部队友贝尔的面对面较量。第 49 分钟，C 罗率先发难。葡萄牙队左侧战术角球，格雷罗传中找到 C 罗，后者门前高高跃起，超强滞空头球稳稳砸进对方大门！

第 5 名 纳因戈兰张弓搭箭造世界波

欧洲杯 1/4 决赛威尔士大战比利时，第 13 分钟，罗马悍将纳因戈兰一改屠夫本色。阿扎尔左路轻推中路，纳因戈兰调整一步后“张弓搭箭”，亨尼西扑救不及，皮球径直飞进威尔士队大门死角！

第 4 名 “草根英雄”帕耶“天外飞仙”

欧洲杯 A 组小组赛揭幕战，东道主法国迎战“黄玫瑰”罗马尼亚。比分在 1-1 的僵持中来到第 89 分钟，后腰坎特传球渗透，此前献上一记助攻的帕耶禁区前沿乱军中左脚一记“天外飞仙”，帮助法国队惊险取得开门红！

第 3 名 贝尔逆天任意球，乔 · 哈特再成世界波背景帝

欧洲杯 B 组小组赛第二轮红龙大战三狮。第 42 分钟，威尔士获得中路位置极佳的任意球，赛前叫嚣要打爆英格兰队的贝尔，没有食言。只见他助跑左脚平抽，皮球以一个 S 形轨迹飞到门前，英格兰门将哈特扑救不及，皮球应声入网！

第 2 名 魔笛奏响死亡交响曲，穿云箭直插对手咽喉

欧洲杯 C 组小组赛第一轮，格子军团克罗地亚迎来“老冤家”星月军团土耳其。第 41 分钟，布罗佐维奇制造混乱，被土耳其后卫解围出禁区。“魔笛”摩德里奇禁区外得球，面对恰尔汗奥卢的封堵，不做调整直接右脚凌空！皮球如魔笛奏出的死亡音符一般，直奔对手大门死角。

第 1 名 “瑞士梅西”沙奇里逆天神倒勾征服世界

本届欧洲杯最佳进球诞生在 1/8 决赛瑞士对波兰一役。第 82 分钟，比分落后的瑞士队发起反击，罗德里格斯左路传中，中锋塞费罗维奇前点头球接力，替补中锋德尔迪约克后点回敲禁区弧顶。“瑞士梅西”沙奇里此刻彰显英雄本色，大禁区线上高高跃起，一记集速度、力量、角度于一身的高难度倒勾射门，皮球撞立柱后弹进对方大门，纵使门前站着 8 个法比安斯基也无法将球救出！

赛后盘点

欧洲杯各项数据盘点

冠军：葡萄牙

亚军：法国

射手王：格列兹曼（6 球）

助攻王：阿扎尔 / 拉姆塞（4 次）

最佳新秀：雷纳托 · 桑切斯（葡萄牙）

总进球：108 个（场均 2.12 个）

梅开二度：7 人（格列兹曼 2 次、莫拉塔、卢卡库、茹扎克、C 罗、吉鲁）

点球数：12 个点球射进 8 个（命中率 66.7%，不计点球大战）

乌龙球：3 个

进球最多场次：7 个（法国 5-2 冰岛）

最悬殊比分：比利时 4-0 匈牙利

最快进球：莱万多夫斯基（波兰 vs 葡萄牙，100 秒）

进球最多球队：法国（13）

进球最少球队：乌克兰（0）

失球最多球队：冰岛（9）

失球最少球队：意大利、波兰、瑞士（2）

门将不失球：帕特里西奥和诺伊尔（4 场）

黄牌数：205 张（场均 4.02 张）

红牌数：3 张（场均 0.06 张）

最佳阵容（4-2-1-2-1）

帕特里西奥；基米西，佩佩，博阿滕，格雷罗；克罗斯，乔·阿伦；拉姆塞，格列兹曼、帕耶；C 罗

最差阵容（3-4-3）

哈特；胡安弗兰，拉莫斯，阿拉巴；穆勒，图兰，博格巴，斯特林；凯恩，莱万多夫斯基，伊布